DAS WISSEN DER LIEBE

Die Deutsche Nationalbibliothek verzeichnet diese Publikation in der Deutschen Nationalbibliografie; detaillierte bibliografische Daten sind im Internet unter http://dnb.dnb.de abrufbar.

»Das Wissen der Liebe«
© 2023, The Spirit Scribe (Tanja V. Ahrens), Rodgau
1. Auflage
Covergestaltung: T. Ahrens
Herstellung und Verlag: BoD – Books on Demand, Norderstedt
ISBN: 978-3-75689-123-8

DAS WISSEN DER LIEBE

Band 4 der Spirit Scribe Journale

THE SPIRIT SCRIBE

Bisher veröffentlichte Teile:

»Das Wissen der Elfen«

»Das Wissen der Weltenschlange«

»Das Wissen der Harpyie«

»Das Wissen der Liebe«

Eine Übersicht über die restlichen Bände
ist verfügbar unter www.the-spirit-scribe.de.

Inhaltsverzeichnis

TEIL 1

TEIL 2

TEIL 3

Teil 1

Einleitung

»Lillysander«, der Geist der Liebe, begegnete mir schon vor einigen Jahren in Form einer Romanfigur. Damals war mir der Umstand noch nicht voll bewusst, dass ich mir meine Romane und Geschichten nicht selbst ausdenke, sondern im Grunde ein Geschichten-Diktat aufnehme. Allerdings glaube ich, den Namen für mich persönlich gewählt zu haben. Denn aus Lilly und Alexander, dem Paar in dem Roman-Manuskript, wurde Lillysander, das androgyne Mischwesen ihrer Liebesbeziehung, das sich um sie kümmert.

Dem einen oder anderen kommt es vielleicht komisch vor, dass ich dem sehr real existierenden Wesen einen Namen geben kann. Die meisten würden erwarten, dass ich meine Nachrichten zum Themenkomplex der Liebe von Yeshua/Jesus, von Aphrodite, Amor, Eros, Bes, Venus oder sonst wem entgegennehme. Hier kann ich nur sagen: Ich bin so einfach nicht gebaut. Alles in mir steht auf Rebellion, wenn mir diese großen Namen präsentiert werden. Mag ja sein, dass ich in dem Bereich Probleme mit dem Selbstbewusstsein habe, aber ich habe einfach nicht das Gefühl, dass insbesondere Jesus einen Monat lang bei mir zum Diktat vorbeischneien würde. Ich habe mit dem historischen Yeshua erst vor sehr kurzer Zeit meinen Frieden gemacht, und mit der Kirche werde ich in diesem Leben wohl nicht mehr das Kriegsbeil begraben. Das liest man natürlich auch im folgenden Gespräch. Das bedeutet nicht, dass Jesus-Channel meiner Meinung nach die Unwahrheit sagen, sich mit fremden Federn schmücken o.ä., es drückt einfach nur meinen Geschmack aus.

Wenn ich mich nicht wohlfühle, leidet meine Verbindung zur geistigen Welt – und darunter leidet natürlich das gesamte Gespräch. Also warum sollte ich nicht meine Quelle eine Nummer kleiner wählen, wo sich dieser Geist der Liebe doch so bereitwillig bei mir einfand und mir die schönsten, erhabensten Worte zuflüsterte? Zudem wissen wir: Namen sind Schall und Rauch. Das Aussehen, dass sich meine Gesprächspartner geben, ist es ebenfalls. Es ist für mich völlig klar, dass Lillysander sich von mir noch ganz anders darstellen oder ansprechen lassen würde, wenn ich dafür entspannt und offen für ihre Worte bleibe!

Ich glaube, wir müssen uns vollständig von den Kategorien und Schubladen lösen, in denen wir derzeit über die Götter- und Geisterwelt denken – und genau das versuche ich in dieser Reihe.

Die Idee hinter der Geschichte

Es fällt mir erstaunlich schwer, mich an die Umstände zu erinnern, die zu der Roman-Idee rund um den arbeitslosen Liebesgeist führten. Und dann ist es vielleicht auch völlig unerheblich, denn so sind kreative Ideen nun einmal. Die Elfen haben im ersten Teil dieser Reihe dankenswerterweise viel hierzu gesagt; und jeder, der schon einmal wie vom Schlag getroffen eine Idee hatte, wird nachvollziehen können, was ich jetzt sage: Es war einfach plötzlich da. Und mit »es« meine ich folgenden ersten, elementaren Satz von Lillysander, den sie mir ins Ohr flüsterte:

I was given away, but I cannot die.
So I'll find myself a new soul
and help it fly.

///

Sie gaben mich hinfort,

doch endet nie mein Leben.

Helf ich nun zum Höchsten

'ner andren Seele eben.

- Lillysander, Ahora

Da ich mich in der englischen Sprache quasi genauso sicher bewege wie in der deutschen, war es für mich völlig normal, dass die Zeilen auf Englisch niederzuschreiben sind. Auch die Tatsache, dass alles fertig für mich gereimt war, überraschte mich kein Stück. Ich bin das gewöhnt – und Millionen andere Kreative auch.

An einen Kernmoment der Inspiration erinnere ich mich jedoch. Ich hatte irgendwo gelesen, dass zwei Liebende ebenso automatisch wie unbewusst eine ganz besondere Energie oder ein energetisches Wesen in ihrer Mitte erschaffen oder aktivieren, wenn sie sich *verlieben*. Und auf dieses Wesen gehen sie zu, wenn sie sich näher kommen. Wir nennen das Liebe auf den ersten Blick.

Das entstehende Energiewesen besteht halb aus der einen Partei, halb aus der anderen. Halb aus ihm, halb aus ihr, oder wie immer die Konstellation der Geschlechter auch sein mag. Treffen sich die Partner in der Mitte und vereinigen sich, ist ihre ewige Verbindung geboren. Und auch, wenn sie voneinander getrennt sind, können sie immer dieses wohlige Gefühl zu sich rufen, bei dem geliebten Menschen zu sein. Den Rückhalt spüren, wie durch unsichtbare Fäden. Ich kann zwar leider nicht rekonstruieren, wo mir dieses gedankliche Konzept begegnet ist [und ich wäre hier für Tipps dankbar], aber die Idee geisterte mir wochenlang im Kopf herum. Sie erklärte alles, was ich als Sensitive ohnehin mein Leben lang wahrgenommen hatte.

Wie das aber mit Autorinnen und vielen weiteren Kreativen so ist, verschwand das Manuskript nach einer kurzen Weile in meiner Schublade. Nicht, weil ich nicht weiterkam, und ganz sicher nicht aus böser Absicht. Aber es kommt eben immer viel Leben zwischen die kreativen Projekte, nicht wahr? Wenn man Pech hat, sogar Pandemien. Doch Lilly erwies sich nicht nur als tolle Geschichtenerzählerin, sondern auch als besonders beharrliche Gesprächspartnerin. Sie präsentierte sich im Sommer 2020, am Ende meines Interviews mit der Harpyie, einfach erneut – im Rückblick ein wirklich genialer Schachzug von ihr. Und sie redete mir von Anfang an ins Gewissen, dieses Buch zu veröffentlichen. Ein Versprechen, das ich nun endlich einlösen kann.

Drei wichtige Tipps für die Lektüre

Es gibt drei Grundgedanken, die du *immer* im Gedächtnis halten solltest beim Lesen meiner Journale:

1) WENN DU ES FÜHLST, GLAUB ES.

Nicht jeder Satz muss für dich gemacht sein. Manche Formulierung wird dich stören und an manchen Stellen wirst du tief in dir wissen, dass es für dich anders ist. Das ist völlig in Ordnung und richtig so. Nur du steckst in deinen Schuhen. Wenn dir aber eine Gänsehaut über den gesamten Körper läuft bei einigen Sätzen, dann tu dir selbst den Gefallen und erkunde für dich ganz persönlich, was alles hinter diesen Worten liegt. Nimm aber nicht mein Wort als letzte Weisheit, sondern nur als Treppenstufe auf dem Weg, **dein eigenes Inneres** zu ergründen.

2) ICH BIN NICHT WEISER ALS DU.

Die Texte, die du hier in Händen hältst, sind voll unendlicher Weisheit, aber ich als Autorin war ebenso *Empfängerin* dieser Worte wie du. Ich bin nicht weise, ich bin eine ganz normale Frau.

Schrecklich neugierig vielleicht, was die geistige Welt betrifft. Aber sonst ganz normal. Ich möchte *keinesfalls* dein Guru werden oder sein. Denn:

3) WAS ICH KANN, KANNST DU AUCH. DU HAST WAHRSCHEINLICH NUR VERGESSEN, WIE ES GEHT.

Wie die Gespräche aufgebaut sind

Da sich dieser Hinweis auch in den früheren Bänden findet, werde ich ihn wie gewohnt kurz und simpel halten:

Auf Lillysanders besonderen Namen bin ich ja schon eingegangen. Außerdem machte ihre Abkürzung mit »L:« natürlich so und so viel Sinn. Ich bin – wie sollte es anders sein – mit »T:« für Tanja gekennzeichnet.

Außerdem sind wie bisher die **Antworten aus der geistigen Welt fett gesetzt**. Ich hoffe, das hilft der Übersicht. Die bahnbrechendsten Aussagen und die poetischsten Momente <u>sind zudem unterstrichen</u>. Wo ich Anmerkungen oder Ergänzungen hinzugefügt habe, oder wo zusätzliche Erklärungen nötig sind, die nicht direkt zum Dialog gehören, sind diese [in eckige Klammern] gesetzt.

Ich bin ein großer Fan davon, meine wichtigsten Buchschätze von Autor:innen wie Dolores Cannon, Neale Donald Walsch, Jim McCarty oder Lee Carroll aus dem Regal zu ziehen, wenn es mir schlecht geht, und darin umher zu blättern. Ich hoffe daher, dass sich deine Augen besonders leicht an einer unterstrichenen Weisheit verfangen werden, wenn du auf der Suche nach einem Zeichen bist; dich verloren, ungeliebt oder traurig fühlst.

TEIL 2

Tag 0:
Der Liebesgeist erscheint

27.08.2020

Auszug aus »Das Wissen der Harpyie«, Tag 27:

[Heute habe ich neben der Harpyie auch »Lillysander« getroffen, eine Buchfigur aus einem absoluten Herzensprojekt, das bisher leider unveröffentlicht blieb. Schon damals war mir allerdings klar, dass sie der Geist der Liebe ist. Nur dachte ich damals eben noch, sie wäre ein Produkt meiner überbordenden Fantasie! [...] Wir drei haben etwas herumgeblödelt. Irgendwann stellte sich die Harpyie hinter mich und breitete wieder ihre Flügel aus. Es sah also so aus, als wären mir schwarze Flügel gewachsen.]

Harpyie: Na, Lilly, wie sieht das aus?

Lillysander: Ich liebe es!

T: Ha, was sollst *du* auch sonst sagen.

L: [grinst] Ja, stimmt schon.

T: Es tut mir leid, ich zweifle schon wieder. Bist du wirklich da?

[Lillysander kommt an mich heran und legt einen Finger auf meinen Solarplexus. Die fließende Energie ist *der Wahnsinn*!]

T: Wooooahhh ...

[Der Aspekt der Liebe lächelt und strahlt mich mit der Kraft einer Sonne an.]

T: Danke, das war klasse! Leider ist der Entzug von deiner Energie natürlich sehr heftig.

L: Ich weiß, tut mir leid.

T: Lass mich raten, du hast dich sogar noch zurückgehalten.

L: Klar. Ich habe mehr Liebe im kleinen Finger, als viele Menschen in einem ganzen Leben geschenkt bekommen. Leider. Dabei ist genug für alle da. *Ehrlich*!

T: Du bleibst also den nächsten Monat bei mir?

L: Ja, gerne. Deine Einladung war ja laut genug.

T: Mir schwant langsam, dass ich am Anfang dieser Reise wirklich übertrieben habe mit meinem »ich bin offen für alles und jeden, der reden mag«!

L: Och ... für uns war es ja gut. [grinst] Und für dich natürlich auch, das spürst du ja. Außerdem kann man freier einladen, je fester die eigenen Hausmauern sind. Und auf deiner Stufe konnte nur etwas Förderliches passieren. Alle anderen Energien brauchten nicht mehr bei dir zu klopfen, es wäre zwecklos.

T: Das ist doch mal ein Kompliment! Liebe Harpyie, ich hoffe, du kommst nicht zu kurz heute?

H: [stöckelt vorbei, lacht.] Wie ich schon sagte, ich bringe meine Nachricht schon an die Frau.

T: Mir fällt auf, dass ihr beide euch nie nahe zueinander stellt. Seid ihr nicht im Grunde Gegenspieler?

H: Du hast schon recht. Unsere Energien stoßen sich gegenseitig ab.

L: <u>Abgesehen davon, dass ich den Aspekt des Zorns nicht hassen _kann_, weil ich die Liebe bin, habe ich eine noch bessere Vorgehensweise ihr gegenüber. Ich verstehe, warum sie existieren muss. Das ist noch wesentlich besser, als sie nur zu tolerieren oder zu mögen.</u>

T: Ich habe dich _so_ vermisst.

L: Ich weiß. Aber ich war doch bei dir! Du hast mich doch jeden Tag ... in deinem Mann, deinem Sohn, deinen Freundinnen.

T: Aber ich habe unsere Gespräche vermisst. Sie sind wie kühlendes Wasser in der Wüste.

L: Ich will ja nicht den Finger in die Wunde legen, aber nun weißt du, warum Menschen zum Trost in der Bibel lesen. Oder in »Gespräche mit Gott«. Oder in deinen Büchern. Oder in Tolkiens

Werken, oder in tausend anderen. <u>Früher gab es eben fast nur die Original-Bibel, und das ist ein Umstand unendlicher Traurigkeit für mich. Das war das Einzige, was ihnen gegeben wurde. Alles, was von mir blieb.</u>

<u>Ein *Gesetzbuch*.</u>

T: Wir machen es besser, versprochen.

L: Darauf freue ich mich. Das wird groß.

Tag 1:
Lesetipp von ganz oben

01.09.2020

[Ich bin in den ersten Tag relativ schlecht in die Meditation hereingekommen. Am Anfang gab es zwischen einzelnen Sätzen lange Pausen. Dann kam unvermittelt folgender Satz durch.]

Lillysander: Fang an, in deiner Freizeit die sogenannten »Schriftrollen vom Toten Meer«[1] **zu lesen. Die Lehren von Thomas und Jesus.**

T: Öhm ... okay.

[Pause.]

T: Gibt es sonst heute nichts zu sagen?

L: Nein, nicht allzu viel. Ich war den ganzen Tag bei dir, und du wusstest das in deinem Herzen in jeder Minute des Tages. Also lautet die nächste Lektion: Lies die Schriftrollen!

T: Ich habe gehört, die Kirche hat die Lehren daraus massiv unterdrückt.

---

[1] Entschieden habe ich mich für »Das Thomas Evangelium – Auf der Suche nach dem Himmelreich« von Ralph Skuban. Ein wunderbares Buch! Wer die Zeit dafür nicht findet, der Film »Stigmata« mit Patricia Arquette handelt von den wichtigsten Kernaussagen der Schriftrollen.

L: ›Spalte ein Stück Holz, und ich bin da. Hebe einen Stein auf, und du wirst mich finden‹? Natürlich haben unersättliche Männer diese Wahrheiten vor der leidenden Masse verborgen. *So* viel Zeit wurde aufgewendet, um diese Niederschriften anzufertigen. Aber jetzt sind sie wieder bekannt. Wenigstens sind sie wieder bekannt. Nicht allen, aber vielen.

<u>Die wahre Sünde der Menschheit ist, noch mehr Macht haben zu wollen, als Gott dir ohnehin schon beschieden hat.</u>

T: Das bricht mir das Herz.

L: Ich will mit meinen Worten sehr vorsichtig sein, aber auch du unterschlägst auch Wahrheiten, die dir gegeben wurden. Täglich.

T: [spürt Tränen kommen] Aber ... ich tue doch jetzt mein Bestes. Ich bin dran! Ich werde die sieben Bücher der sieben Aspekte veröffentlichen.

<u>L: Dann erinnere dich einfach daran, wessen Tochter du im Geiste bist. Meine ... oder ihre.</u>

T: Solch harte Worte von der Liebe.

L: Ich weiß. Aber ich kann es nicht ändern. Ich ehre deinen Weg, und dieser braucht öfter die Wahrheit als schöne Umschreibungen.

[Noch viele Tage wirkten diese Worte in mir nach, das gebe ich gerne zu. Alles an diesem ersten Zusammentreffen mit Lilly war unerwartet, und natürlich zweifelte ich daran, ob ich wirklich mein Geld in ein Sachbuch über ein sehr christliches Thema investieren sollte. Wie meine geneigten Leser:innen wissen, habe ich es nicht so mit dem Christentum. Am Ende war ich dennoch froh und ich kann das Buch »Das Thomas-Evangelium – Auf der Suche nach dem Himmelreich« wirklich nur empfehlen! Ich hätte nie gedacht, dass ich so viel Lachen und Staunen würde, aber dieser ehemalige Pfarrer hat es geschafft, mir den Stoff näherzubringen, ohne dass sich alles in mir einfach nur sträubt. Tipps aus der geistigen Welt sind eben doch die Besten, wie es scheint!]

Tag 2:
»Die Täler, die ihr durchschreitet«

02.09.2020

T: Ich finde noch immer Federn entlang meines Wegs. Sogar in der Stadt. Das Leben fühlt sich leicht an, als hätte ich eine Million Glückssträhnen im Haar. Dennoch liegen deine Worte von gestern schwer auf meinem Herzen.

Lillysander: Das tut mir leid. Aber ich werde nur 30 Tage mit dir haben – und ich glaube fest daran, dass man die schweren Dinge zuerst anpacken sollte.

[Pause. Ich wechsle meine Musik aktiv auf Pink's »True Love«. Ich kann aufgrund des Urheberrechts keine Original-Songtexte hier abdrucken, aber die schlagfertige Sängerin erzählt in dem Lied davon, dass sie ihren Partner manchmal gerne gleichzeitig umarmen und erwürgen möchte. Sie sagt, sie hasse ihn manchmal, und zwar so sehr, dass es wohl wahre Liebe – true love – sein müsse.]

L: Ich weiß, dass ich dir das nicht sagen muss, aber *das* <u>ist</u> <u>keine</u> <u>Liebe. Das ist Abhängigkeit. Wie von einer Droge.</u>

T: Den Song auszuwählen war nicht wirklich fair, es war ein ziemlich passiv-aggressiver Zug von mir. Aber ich weiß auch, dass die Songtexte oft das sprichwörtliche Eis zwischen mir und euch Aspekten brechen können. Sie lassen euch losreden.

[Shuffle geht weiter zu Pinks »But we lost it«. Im Text taucht die Frage auf, wo die Liebe wohl hingehe, um zu sterben.]

L: Dann möchte ich die Frage der Sängerin gleich mal beantworten: Nein, ich habe kein Schloss in den Wolken [wird ebenfalls besungen]. Aber als kleiner Splitterteil von Allem-was-ist gehe ich durchaus in die Zwischenwelt, um mich zu erholen und aufzutanken. Wenn ich genug habe von Hass und Angst. Oder, um ganz genau zu sein, verlässt ein großer Teil meiner Energie nie die Zwischenwelt (die übrigens nicht mit dem »Himmel« oder Jenseits gleichzusetzen ist). Das könnte und sollte die Energie auch gar nicht. Sie muss im morphischen Feld bleiben. <u>So wie ein Knochen nicht den Körper verlassen kann, kann ich nicht (gänzlich) die Atmosphäre/das m. Feld/ die Erdaura verlassen. Denn wenn ich das täte, würde jede Lebensform auf eurem Planeten innerhalb eines Augenblickes dem Wahnsinn anheimfallen.</u> Denk an den Fisch, der sagt: »Nein, ich weiß nicht, was dieses 'Wasser' sein soll, warum fragst du?«

Ihr habt *keine* Ahnung, wie sich eine Existenz ohne die Liebesenergie anfühlt. Dieses Erleben kann euch nicht einmal Gott geben. Ihr könnt euch »nur« (und das ist ein furchtbares Wort an dieser Stelle) ungeliebt fühlen von denen um euch herum – vor allem von Freunden, Partner:innen und Familie. Mehr (oder eher weniger) ist nicht möglich.

[Pink singt jetzt von dem ultimativen Schmerz, ein Mensch zu sein.]

L: Mein Gott, die Täler, die ihr durchschreitet, um die Nicht-Liebe zu erleben. Bei aller Gnade und allen Himmeln. Lass mich dir ein Geheimnis verraten: Wir – die Aspekte – sehen jede Minute deines Leids, und wenn wir deine Situation nicht mehr ertragen können, dann schicken wir dir etwas. Einen Schmetterling, eine Blume am Wegesrand, einen freundlichen Hund, Kinderlachen. Irgendeine Art von kleiner Pause. Einen Lichtstrahl. Irgendetwas, damit ihr nicht ganz die Hoffnung verliert. Allerdings bemerkt ihr diese Zeichen oft nicht. Wir können es euch nicht verübeln, wir sehen doch, wie perfekt ihr in diese Simulation der Nicht-Liebe eingepasst seid. Die simple Wahrheit ist, dass Gottes Spiel einfach ein bisschen zu gut geworden ist. Zu überzeugend. Aber jetzt ... seid ihr fast am Ziel.

Tag 5:
Dein Lebenswerk

05.09.2020

[Tag 3 & 4: Keine Sessions.]

Lillysander: Stell dir vor, Gott gibt dir einen Klumpen Lehm. Ein kleines, formbares Bällchen. Er gibt ihn dir, wenn du geboren wirst, und du gibst ihn als fertiges Kunstwerk zurück, wenn du stirbst.

Jeder Mensch bekommt diese Aufgabe, ausnahmslos. Und wie lautet die genau? Ganz einfach: »Mach mir das hübscheste, faszinierendste Objekt, das dir überhaupt möglich ist.«

Nun, leider übt das sehr großen Druck auf Menschen aus – ob sie sich der Aufgabe bewusst sind oder nicht. Kinder formen direkt drauflos und haben *so* viel Spaß dabei! Dann aber fangt ihr an, euer Werk mit anderen zu vergleichen. Ab diesem Tag schränkt ihr euch ein. Folgt einem Beispiel, das ihr bei anderen gesehen habt. Und in ganz schwarzen Momenten machen einige ihr wunderbares, einzigartiges Werk sogar kaputt. Sie schlagen ihr Kunstwerk mit beiden Fäusten zu Brei, um von vorne zu beginnen. In diesem Moment geht ein schmerzhafter Stich durch die Schöpfung, die du um einen Splitter Schönheit beraubt hast.

Natürlich gibt es Sackgassen. Fast jeder biegt zwischendurch einmal falsch ab. Formt etwas an seine Figur, das nicht funktioniert. Und sicher hast du auch schon bemerkt, dass das ›Burnout-Prinzip‹ hier in diesen Zeilen beschrieben steht. Wir machen ein aktuelles Beispiel aus deiner Zeit:

Sagen wir, du bist ein recht erfolgreicher Geschäftsmann. Du hast Geld, die besten Anzüge, Karriere, ein erfolgreiches Netzwerk. Dein Stück Lehm ist also ein exaktes kleines Abbild von dir, im Anzug und so. Sehr schick. Am Tag deines Todes übergibst du dieses Figürchen, das durch deinen Tod unveränderbar ausgehärtet ist, deinen Vertrauten im »Jenseits« (die ein Teil von Gott sind und deshalb für ihn sprechen können und dürfen. Das würde hier jetzt zu weit führen.) Deine Helfer auf der anderen Seite nehmen deine Figur dann höflich lächelnd in Empfang und stellen sie in eine Vitrine, in der circa *eine Milliarde* sehr ähnliche Figuren stehen. Auf deine Rückfrage werden sie dir ehrlich sagen, dass die Aufgabe etwas anders lautete und du etwas Großartiges hättest formen können. Etwas Einzigartiges!

<u>Die Aufgabe im Leben ist nicht, so zu sein wie der Rest. Nicht entsprechend einer Norm.</u> Nicht einmal größtmögliche Erleuchtung oder das Verfolgen eines sehr spirituellen Pfades ist

Grundvoraussetzung für ein »erfolgreiches« Leben. Es gibt Atheisten, die die schönsten Lebenswerke einreichen.

Die Sache ist doch die: Nicht deine Helfer werden dein Werk zurückweisen oder schlecht bewerten – und schon gar nicht Gott. Wie von deinen Eltern, denen du ein Bild gemalt hast, wirst du selbstredend nur Lob hören. Aber du wirst wissen, dass du mehr hättest leisten können – und damit ist wahrlich alles gesagt.

Du betrügst dich um dein Lebenswerk, wenn du mit deinen gottgegebenen Talenten unsichtbar bleibst.

T: Moment mal ... geht es hier gerade um mich?!?!

L: Ja ... was hast du denn gedacht? Du bist sehr unglücklich im Moment, obwohl du gerade beginnst, ein wahrlich außergewöhnliches Werk zu schaffen! Eines, auf das sich viele freuen und noch viel mehr Menschen sehnsüchtig warten!

Weißt du noch? Du hast ein Lieblingszitat von Superman:

»Du sagst, die Menschen brauchen keinen Retter. Aber warum höre ich sie dann Tag und Nacht einen rufen?«

Und noch ein Satz hat sich tief in dein Autorinnengehirn eingebrannt, dieses Mal von einer deiner Freundinnen: »Die Leute wissen doch gar nicht, wonach sie sich sehnen. Sie sagen, sie warten auf das nächste Buch von Autor X oder Autorin Y, aber sie können ja nur mit Worten ersehnen, was sie schon kennen!«

Du vereinst diese zwei Prinzipien: Du lieferst erstens die dringend nötige Rettung für die im (spirituellen wie körperlichen) Burnout, im gedanklichen Abgrund, in der Atheismus-Falle – und zweitens werden viele der Leser dieser Bücher nicht im Geringsten geahnt haben, dass ihre Seelen auf die Nachrichten gewartet haben, die du hier weitergibst.

T: Es ist *so* schwer, all das anzuerkennen. Zu glauben. Ich, die Retterin? Ja, klar. Euer Ernst?

L: Siehst du, das ist der Punkt, der für uns sehr schwer zu verstehen ist. Warum ist das so? Es ist KEINE ANMAßUNG, sich aufrecht hinzustellen und zu sagen: »Meine Arbeit ist keinen Heller weniger wert als die von Einstein.

Curie.

Kant.

Walsch.

Cannon.

Jesus.

Buddha.«

Übe dich darin!

Tag 6:
Liebesenergie konkret

06.09.2020

T: Die Wälder sind so still geworden. Es treibt mir jedes Mal fast die Tränen in die Augen. Ich ging heute durch unser kleines Waldstück. Über eine Stunde lang, und doch habe ich kaum ein Zwitschern in den Bäumen gehört oder das Summen von Insekten. Ich glaube, die Natur ist bald am Kipp-Punkt angelangt. Ich glaube, bald haben wir sie irreparabel geschädigt. Vielleicht verdienen wir Menschen die Apokalypse.

Lillysander: Nun, wenn es nur eine Sache gäbe, die ich dir heute sagen dürfte, dann wäre es diese: GENIESSE. JEDEN. TAG. Die Ruhigen und die Stressigen.

[Unsere Verbindung heute ist schlecht. Lilly wirkt abgehackt oder abwesend.]

T: Du klingst müde. Unsere Verbindung heute ist leider Mist. Tut mir leid, das sagen zu müssen. Nimm du doch heute mal meine Hände und ich gebe dir Liebe ab!

L: <u>Das kann ich nicht. So funktioniert die Sache einfach nicht. Du kannst von mir Energie erhalten, aber niemals andersherum.</u>

T: Aber die Harpyie ...

L: ... sagte dir, dass sie dir ihre Kraft leihen *und* von dir Kraft erhalten kann. Jormungandr auch. Aber ich kann das nicht. <u>Liebesenergie ist eine Einbahnstraße in Richtung der Menschheit.</u>

T: Dann gibt es nichts, was ich dir anbieten kann?

L: Ganz im Gegenteil! Es gibt *viel,* das du der ungesehenen Welt geben kannst. Deine Zeit, Gedanken, Gebete. Deinen Willen, dein Bestes zu versuchen. Hingabe. Glaube. Demut. All dies erhalten wir von dir. Aber all diese Energien sind nicht das gleiche wie meine reine Liebesenergie. <u>Du kannst Liebe nicht erschaffen, du kannst sie einzig und alleine von Allem-was-ist erhalten. Sei deshalb nicht traurig. Du hast dich doch auch damit abgefunden, dass Menschen auch ihre kreativen Ideen nicht selbst erschaffen können.</u>

T: Mit einigem Zähneknirschen, ja.

L: Das hier ist wirklich das gleiche Prinzip. Verschwende nicht zu viele Gedanken daran. Es ist sinnlos. Ihr seid noch immer großartige Schöpfer! Einige der größten im Universum! Ich werde im heiligen Licht regenerieren. Mach dir darüber keine Sorgen.

T: Warum fühlt sich der heutige Tag so seltsam an? Ich fühle mich, als müsste ich gleich losweinen, dabei stimmt alles in meinem Leben!

L: Diese letzten Tage waren eine Herausforderung, ich weiß. Wir tun unser bestes, an einigen Problemstellungen zu arbeiten, die im Hintergrund aufgetaucht sind. Diesen Monat gibt es erhebliche Energieverschiebungen – und nicht alle davon ändern etwas zum Besseren. <u>Wir sehen, wie ihr brennt, und haben kein Wasser übrig zum Löschen.</u>

T: [schnieft] Was können wir tun?

L: Bleib wachsam. Hinterfrage niemals deine Intuition. Dieses Video von dir [Facebook Live-Video zum Thema Channeling als Autorin, 1,5 Stunden Länge] hat eine Menge auf den Weg gebracht. Du kannst das nicht sehen, aber ich kann es. Sorge dich nicht mehr deshalb. Das sind unsere Baustellen. Du musst »nur« den besten Weg finden, um unsere Nachrichten unter die Leute zu bringen. Du liegst richtig darin, nicht bis zur Veröffentlichung der eigentlichen Bücher zu warten. Videos sind das Werkzeug dieses Jahrhunderts, deshalb hast du auch so früh schon gelernt, sie zu produzieren.

Tag 7:
»Hör auf, deren
Spiel zu spielen«

07.09.2020

[Man muss zur heutigen Session wissen, dass ich extrem wütend war.]

T: Lilly, du gehörst einer sterbenden Art an, so viel ist mal klar.

Lillysander: Ja, was glaubst du denn, warum ich hier bin?

T: Glaub nicht, dass ich dir helfen kann. Niemand kann der Dummheit Einhalt gebieten.

L: Aber der Angst vielleicht?

T: Da würde ich nicht drauf wetten. Warum ist es heute derart unmöglich, auf schreiende Ungereimtheiten aufmerksam zu machen, ohne dafür gegrillt zu werden?

L: Physik.

T: Na klasse.

L: Nein, wirklich. Stell dir vor, du machst Pfannkuchen und stapelst die fertigen Dinger alle auf einen Teller. Zuerst geht alles gut, aber allmählich kommt die Sache ins Wanken. Irgendwann –

du denkst, es geht noch – legst du jenen Pfannkuchen obenauf, der den Turm zum Einsturz bringt. Physik. Simpel und einfach!

T: Nur dass es eben nicht um ein paar Pfannkuchen geht, sondern um unsere moderne Zivilisation ...

L: Ja.

T: Sollte uns der Einsatz, mit dem wir hier spielen, nicht besser bewusst sein?

L: Es gab Römer, die damals vor dem Kollaps ihres Reiches gewarnt haben. Es gab vor Hitlers Krieg viele Leute, die genauestens beschrieben haben, was passieren wird. Und was wurde denen gesagt?

T: ›Ach, so schlimm wird es wohl nicht werden‹?

L: Exakt.

T: Also kann ich mich ebenso gut danebenstellen und warten, bis es knallt. Und vorher eben noch versuchen, möglichst viel Arbeit zu schaffen. Möglichst viele Bücher fertig zu bekommen, bevor die Sache hier in die Grütze geht.

L: Exakt. Entweder wird die kritische Masse der Menschen, die »nicht mehr mitspielen«, erreicht ... oder nicht.

T: Moment, das heißt ...

L: ... du musst absolut *nichts* tun. Keine besondere Partei wählen, keine Organisation unterstützen und keine Märsche begleiten. Du musst einfach nur aufhören, das Spiel zu spielen, und deine Arbeit machen. Du musst dich nicht einmal vernetzen mit denen, die genau so denken wie du. All das machen wir. Tu einfach deine Arbeit – so stur, wie es geht.

Tag 9:
Liebe geht durch den Magen

09.09.2020

[Tag 8: Keine Meditation.]

Lillysander: <u>Wusstest du, dass man Liebe essen kann?</u>

T: Oha! Liebe geht also doch »durch den Magen«, hm?

L: Klar. <u>Wer »in Liebe« kocht, setzt der Mahlzeit energetisch die Krone auf.</u> Aber darum geht es mir gar nicht vorrangig. Dahinter liegt nämlich noch viel mehr!

Du hast heute eine sehr breite Person in der Bahn gesehen. Diese Person hat dich daran erinnert, dass du ergründen wolltest, wie das mit dem Selbstschutz durch Essen funktioniert. Fakt ist: Durch einen breiteren Körper hast du auch eine breitere Aura. Du liegst hier in deinen bisherigen Annahmen ganz richtig.

Frust und Trauer bringen euch zum Essen. Wie ist nun der genaue Zusammenhang? <u>Menschen, die sehr viel Frust, Trauer, Mobbing etc. erleben, nehmen die Liebe aus den vielen Mahlzeiten und Lebensmitteln in sich auf. Man bemerkt hier sofort das erste</u>

Problem, denn heute sind Dinge, die noch mit Liebe gekocht wurden, ziemlich schwer zu finden! Es ist sogar noch viel schlimmer: Die Liebe, die früher den Lebensmitteln anhaftete, wurde zu großen Teilen ersetzt durch Chemie – also durch Zucker und Fett und all diese Dinge, die euch süchtig nach Essen machen. Aber Essen macht nicht jeden süchtig, und nicht jeder braucht Zucker und Fett, wenn er traurig ist. Dennoch sind diese beiden chemischen Verbindungen die besten Ersatzstoffe. Das Gefühl, das du durch die Chemie im Essen auslösen kannst, ist dem Gefühl, das durch ›liebliches‹ Essen ausgelöst wird, ähnlich. Es kann niemals das Gleiche sein ... aber es ist ähnlich. Durch gutes Essen werden wunderbare Sinneseindrücke hervorgerufen, die wiederum schöne Gefühle hervorrufen. Ihr riecht es, ihr schmeckt es, ihr spürt die wohlige Wärme, und so weiter. Das Industrie-Essen ist ein Ersatz, weil es durch die Hirnchemie auch Gefühle auslöst. Also ja: Frustfressen ist real! Die Wissenschaft versucht seit ewigen Zeiten, das genauer zu erklären. Auf chemischer Ebene ist das heute leicht, aber diese energetische Ebene fehlte euch bisher fast gänzlich.

Es kommt nun sogar noch eine Ebene hinzu! Das ist die Erinnerungsebene. Gerüche und Geschmack haben bekannterweise den direktesten Weg ins Gehirn – noch vor Geräuschen und visuellen Signalen. Sie sind noch direkter ans Hirn angekoppelt. Ein Beispiel: Wenn jemand, der an Weihnachten durch eine Gasse läuft und Bratapfel mit Zimt riecht, sofort an die Großmama denkt, die immer Bratapfel mit Zimt gemacht hat, dann wurden Geruch und Erinnerung sofort verknüpft. Dies ist einfach eine Tatsache des Lebens – meist eine schöne. Das bedeutet natürlich für Essen im Umkehrschluss, dass die Erinnerungsebene wahnsinnig mächtig ist! <u>Wer es schafft, durch Essen eine Erinnerung an eine geliebte Person hervorzurufen, zu dem wirst du in Trauerphasen immer wieder zurückkommen, um dir selbst – über diesen Umweg namens Essen – wieder die Erinnerung zu ermöglichen.</u>

Versteh mich nicht falsch, aber eigentlich ist das schade – weil dies ja ein gestützter Vorgang ist. Eigentlich sollte es dem Menschen möglich sein, sich *ohne* diese Stützen, in Ruhe und Liebe an jemanden zu erinnern, der schon vorausgegangen ist. Aber auch dieses überaus gesunde Vorgehen wird uns nicht beigebracht, nicht als Kind und auch später nicht. <u>Niemand hat ein Interesse daran, dass du die Zusammenhänge kennst.</u> Es ist in eurem momentanen System viel einfacher, den Leuten das zu geben, was sie triggert (im positiven wie im negativen Sinne). Mit all diesen Hintergrund-Informationen kannst du viel leichter verstehen, warum Menschen zu viel essen, obwohl sie sich ja durchaus jeden Tag im Spiegel sehen. Dicke Menschen wissen, dass sie zu dick sind, Grundgütiger. Man muss es ihnen nicht sagen! Keiner wacht morgens auf und denkt: ›Huch?! Wo kommen diese 70 Kilo Übergewicht her?‹

Die Menschen wissen das ... aber sie können sich dennoch nicht stoppen. Denn die energetischen Gründe sind für sie absolut essenziell. Du hast neulich sogar selbst mit deiner Cousine gesprochen, wie es bei euch ist. Ihr seid beide nicht im extremen Spektrum und Übergewicht hat auch noch diverse andere Gründe, von Geburt eines Kindes über Krankheiten, aber etwas habt ihr dennoch entdeckt: Ihr beide wollt im Prinzip gesund und frisch essen, aber wenn über den Tag ein Rückschlag kommt oder euch etwas extrem ärgert oder stresst, dann wird euer eigentlich guter Plan abgebrochen – zugunsten der nächsten Fastfood-Bude. Dieses Muster zu durchbrechen ist sehr schwierig und zudem für sonst gesunde Menschen gar nicht immer nötig. Natürlich sollte man eigentlich immer auf dem gesunden Pfad bleiben. Aber keiner stirbt, wenn du aus Frust vier Mal im Quartal im Fastfood-Schuppen einfällst. <u>Aus diesem Grund werden übrigens</u>

Menschen, die (ohne medizinische Not) vegan leben oder einer vergleichbar strengen Diät folgen so argwöhnisch beäugt.

»Das können die ja gar nicht durchhalten!«, rufen die einen.

»Streben die eine Heiligsprechung an?«, frotzeln die nächsten.

Die Kritiker an Menschen, die sich bemühen, meinen vielleicht auf erster Ebene die Tiere. Aber auf der zweiten Stufe glauben sie nicht daran, dass man die Trigger-Verknüpfungen mit Essen aufheben kann. Man kann ja nicht immer gleich gut gelaunt sein – und demnach, so der unterschwellige Tenor – immer den oberüberkorrekten Pfad nehmen. Deswegen finden sie das alles so verdächtig. So schwer zu glauben.

Man müsste sich selbst also viel mehr bewusst machen, warum man was wann isst. Das ist Teil der Achtsamkeitslehre. Denn wenn du weißt, wo deine Lebensmittel-Trigger sitzen und an wen sie dich erinnern, dann hast du nicht nur eine Chance, den gesunden Weg eventuell doch noch zu wählen und dem Frust *anders* Raum zu geben, sondern du hättest auch ganz andere Möglichkeiten, dich bewusster an deine Lieben zu erinnern. Andere Rituale zu etablieren und zu pflegen.

Tag 10:
Liebeskummer

10.09.2020

T: Unser gemeinsamer Monat ist so anders, als ich ihn mir vorgestellt hatte.

Lillysander: Nun, ich taste mich jetzt vorsichtiger vorwärts ...

T: Bitte was?

L: Ich halte mich zurück. Denn als ich zum ersten Mal bei dir zu Besuch war und noch immer gänzlich im Story-Modus sprach, warst du so geschockt, dass du unser Romanprojekt *ganz ans Ende* deiner Prioritätenliste geschoben hast! Du magst das Turteln und diesen Engelsliebeskram eben nicht. Du findest das Meiste davon recht lächerlich. Ich weiß das, weil ich in meiner Geschichte die echt großen Keulen der Romantik ausgepackt hatte. Also habe ich mich angepasst und meine Herangehensweise geändert. <u>Denn, seien wir mal ehrlich, du bist eine der ganz wenigen Personen, die mich veranlasst haben, ein zweites Mal zu klopfen.</u>

T: Wie bitte?! Und außerdem: Vergibst du keine zweiten Chancen?!

L: Natürlich gebe ich den Menschen immer eine weitere Chance. Ich bin die Liebe, gute Güte! Wenn es darum geht, euch zu erbauen oder zu erheben, bin ich immer da. Immer. Ich meinte unsere ... Arbeitsbeziehung.

T: Wir haben eine ... ich sollte wirklich nicht überrascht sein, hm?

L: Nein, solltest du nicht.

T: Warum also nun dieser ganz direkte Ansatz der Aspekte? Du hättest mit Leichtigkeit dafür sorgen können, dass ich wegen unseres Romans nicht mehr schlafen kann, denke ich mal. So wie die Muse. Sie hat ihr Buch bekommen.

L: Nein, das hätte ich nicht wirklich tun können. Ich muss mich an höhere Gesetze halten als sie – und zwar in jedem Sinne des Wortes. Weil sie dem Chakra der Kreativität (Nr. 2) zuarbeitet und ich dem Herzen (Nr. 4). Und in letzter Zeit begreifst du außerdem, dass du am besten arbeitest, wenn andere dich dazu herausfordern.

T: Du hast recht. Mir fällt da gerade dieses Muster in meiner Arbeit auf.

L: Siehst du? Und ganz nebenbei: Genau wie die anderen genieße ich unsere neue, direktere Vorgehensweise sehr. Die Geschichte über mich war süß, aber das hier geht *so* viel schneller.

T: Dann erzähl mir doch noch ein wenig von den »Ahora«. In der Geschichte waren das die »Geister der Liebe«, zusammengesetzt aus 50 Prozent des einen Partners und 50 Prozent des anderen. Deshalb ja auch dein Name – *Lilly* + Alek*sander*, so heißen die beiden Hauptfiguren der Geschichte. Existieren diese »Ahora«, die Liebesgeister, wirklich?

L: In der Mitte zwischen zwei Liebenden gibt es eine Energie, ja. Ein Versprechen. Die beiden Seelen schmieden dieses Versprechen, wenn sie ihr nächstes Leben planen. Dein ganzes Leben lang hast du diese Wahrheit intuitiv gespürt. Du *weißt*, dass ich recht habe. Sogar mit riesigen physischen Distanzen zwischen ihnen können sich Liebende immer auf ihre gemeinsame Energie einschwingen. Dieser Umstand hält euch bei Verstand, um ehrlich zu sein. Und während ihr diese Verbindung *niemals* gänzlich trennen könnt, ist es euch doch möglich, den anderen erheblich herabzusetzen in seinem Status. Ihr könnt euren Partner energetisch zurück zu den anderen setzen, wenn man so sagen möchte. Dieser Prozess schmerzt eure Seele so sehr, dass ihm nur wenige andere Vorgänge im Universum ähneln. Es ist schlimmer als das allermeiste, was ihr sonst erleben könnt. Trauer ist ähnlich, obwohl der Fortgang einer geliebten Person euch nicht *so sehr* aufwühlen sollte.

[Timer abgelaufen.]

T: Vielen Dank. Ich habe das Gefühl, jetzt fangen wir beide erst so richtig an.

L: Das tun wir.

T: Eine letzte Sache noch: Meine Hand zuckt heute unkontrollierbar, aber zum Glück nur ganz wenig. Was ist da los?

L: Dir fehlen Nährstoffe. Aber es ist auch ein Anpassungsvorgang. Mach dir keine Sorgen.

Tag 12:
»Die meisten Ahora verhungern«

12.09.2020

[Tag 11: Keine Session.]

T: Wie funktionieren die Ahora genau?

Lillysander: Wir hatten darüber gesprochen, dass sie Energie sind. Halb ein Partner, halb der andere. Sie können nicht eigenständig agieren, und das ist ja auch nicht nötig. Sie sind wie die beiden Teile einer Schnalle. Sie halten die Verbindung. Ähnlich wie Magneten – sie sorgen aber NICHT dafür, dass beide Parteien möglichst oft beieinander sind. Das machen die beiden Parteien ganz alleine mithilfe von Gefühlen und Hormonen. Und seien wir mal ehrlich: Es ist ja auch herrlich, sich mit dem Partner energetisch zu vereinen ... und auch körperlich. Es ist die für euch die zugänglichste Art, die universelle Einheit zu pflegen. Und Einheit ist ja auch nur ein anderes Wort für Gott. Aber es gibt natürlich einen riesigen Haken:

Beide Parteien sind fremdbestimmt in dieser Sache! Spielt der andere nicht (mehr) mit, drohen beiden ernsthaft schlimme Dinge.

Und außerdem: Die ganze romantische Kiste ist ja schön, aber die Chemie dieser Sache findet in der Körperregion des zweiten Chakras statt – und es ist durchaus erlaubt, anzumerken, dass ihr noch andere, höher liegende Chakren habt. Übrigens, weil du seit Minuten darüber nachdenkst:

»Fließt es« in deinem

1. Chakra, so hast du HEIMAT;
im 2. Chakra erfährst du dann romantische LIEBE,
im 3. Chakra KARRIERE,
im 4. fühlst du LIEBE für alle jenseits deines Partners,
im 5. erfährst du BeRUFung, hast also etwas zu sagen,
im 6. erfährst du WISSEN und
im 7. WEISHEIT.

T: Danke! Das war sehr aufschlussreich. Zurück zu den Ahora.

L: Genau. Ich sagte schon, dass das Ende einer Ahora eine grausame Sache ist. Es fühlt sich an, als würde ein Teil von euch sterben, *weil es energetisch so ist!* Ihr »tötet« so gesehen euer energetisches Kind. Ihr stoßt es weg. Aber es geht ja nicht immer so plötzlich. <u>Die meisten Ahora verhungern.</u>

T: Oha, damit habe ich gerade nicht gerechnet.

L: Seltsam eigentlich, dass euch das Prinzip nicht klar ist. Es ist doch eine weit verbreitete Binsenweisheit, dass man »an der Beziehung arbeiten muss«. Dass man sie »nähren« muss. Dass man »Brücken bauen« muss. Ihr hört einfach nur nicht zu, was das <u>genau</u> bedeutet.

T: Nun ja, du musst zugeben, dass die meisten Menschen schon »angeschlagen« (voller Trigger etc.) in eine Beziehung hineingehen, und dann erwarten, dass der andere eine Art Wunderheilung bei ihnen durchführen wird. Man merkt schon an der Formulierung, dass dies illusorisch ist, nicht wahr?

L: Ja, das hast du schön gesagt. Darüber sprechen wir morgen!

Tag 13:
Unterschiedlich
schwingende Partner

13.09.2020

T: Okay, Thema »Wunderheilung beim Partner«, los geht's! Das interessiert mich brennend!

Lillysander: Okay, dann mal los. Es ist kein Geheimnis, dass ein Partner meist höher schwingt als der andere. Weniger Trigger, stabileres Elternhaus, mehr Lebenserfahrung, andere Konditionierung, schon öfter gelebt – oft und gerne in Kombination. Und ähnlich wie Pendel, die sich aneinander angleichen, tun dies auch die Schwingungen der Partner. Die höher schwingenden Partner:innen innerhalb der jeweiligen Beziehung möchten ja helfen, es ist Ausdruck ihrer Liebe! Die niedriger schwingenden Partner:innen nehmen selbstredend jede Hilfe, die sie kriegen können. Häufig läuft das komplett unbewusst ab, und *so* riesig ist das Gefälle ja meistens auch nicht!

Jetzt muss man aber Folgendes verstehen: Ganz am Anfang, in der Phase größter Verliebtheit, ist der energetische »Sprung« der niedriger schwingenden Partner am größten. Aber Achtung, er ist auch temporär. Irgendwann »schleicht sich der Alltag wieder ein«, wie ihr sagt. Das bedeutet, die Partner:innen fallen wieder zurück in die alte, niedrigere Schwingung. Der höhere Anteil hofft natürlich, dass der positive Effekt ihrer Liebe von Dauer ist und alle Rückfälle lediglich »Ausrutscher« sein werden. Zu häufig aber fällt die andere Hälfte (besonders in Abwesenheit der höher schwingenden Partner) wieder in alte Muster zurück – ebenso, wie ein Raum sofort wieder unordentlich wird, wenn man ihn gerade aufgeräumt hat. Und warum ist der Einfluss der höher schwingenden Partner:innen nur temporär? *Weil man es nur für den anderen gemacht hat!* Aus Liebe. Für den Hausfrieden. Bis sie endlich »Ja« sagt. Bis man zusammen wohnt, oder was auch immer das nächste, kurzfristige Ziel ist.

Tatsächlich sollte man meinen, die höher schwingenden Partner:innen hauten dann auf den Tisch und sprächen das an, aber hey ... es ist doch *so* schön, gebraucht zu werden, nicht wahr?

In Wahrheit passiert es viel zu selten, dass die höher schwingende Seele den Mund aufmacht – bis zu dem Punkt, wo die Liebe dem Selbstschutz weicht. (Und wenn wir mal kurz völlig weggehen von der romantischen Liebe und hin zu der Art der liebevollen

Verbindung, wie sie Eltern und Kinder haben: Bei Kindern kommt dieser Punkt niemals. Denn dieser Selbstverteidigungsmechanismus entwickelt sich erst in der Pubertät.) Selbst bei Erwachsenen kommt dieser Punkt oft <u>wortwörtlich</u> schmerzlich spät. Es wird zugunsten der niedriger schwingenden Hälfte gehofft, entschuldigt, umgeplant und noch mehr Energie investiert. Wie entkommt man diesem Zustand nun?

Beide Partner müssen in aller Tiefe *verstehen*, dass die weiterentwickelte, ›bessere‹ Vorgehensweise <u>ihnen selbst nützt</u> – nicht nur dem anderen. Nur so findet Veränderung statt – und zwar dauerhaft. Alles andere steht auf tönernen Füßen und ist zum Scheitern verurteilt. Natürlich ist es meistens nicht so simpel! Die wenigsten Beziehungen finden statt zwischen einer Drogensüchtigen und einem normalen Mann. Zwischen einem Schläger und einer normalen Frau. Die Nuancen sind viel feiner – und die Höhe der Schwingungsfrequenz kann zudem natürlich von Eigenschaft zu Eigenschaft wechseln. Einer ist ein Organisationstalent, stößt aber sozial öfter Leute vor den Kopf. Die andere ist sozial topfit, würde aber ihren eigenen Kopf in der Bahn vergessen, wenn das physisch möglich wäre. Fast jeder ist eben eine Mischung aus vielen, vielen Eigenschaften! Das ändert aber das

Prinzip nicht. Die Verkürzungen vorhin sollten dir ja nur beim Verständnis helfen.

Tu es für dich, nicht für den anderen – oder geh.

Tag 14:
»Menschen sind Maschen, keine Maschinen«

14.09.2020

Lillysander: Menschen sind Maschen, keine Maschinen.

T: Ha! Gut gesagt!

L: Wirklich, es ist so. Schau: Sowohl das erste als auch das siebte Chakra binden euch an euer Umfeld an. Das erste Chakra an den Boden und die Erde, das siebte Chakra nach oben. Könntest du es sehen, würde das Ganze etwa so aussehen[2]:

---

[2] Die mäandernde Linie in der Abbildung oben ist stark angelehnt an das »Unalome«, ein buddhistisches Symbol für das menschliche Streben nach Erleuchtung und Transzendenz. Auch viele Energiearbeiter aus Traditionen wie Reiki, Qi-Gong oder Auraheilung dürften die Kerngedanken aus dieser Session wiedererkennen.

Energetisch leuchtet der Planet wie eine Sonne – schöner sogar noch, weil bunter! Denn je weiter du entfernt bist, desto eher siehst du das Gesamtbild aller menschlichen Strahlen, herrlich wie Regenbögen, die hinaus in den Kosmos strahlen. Aber: Mit jeder gebrochenen Seele wird dieses Leuchten schwächer. Mit jedem Bruch in menschlichen Kanälen fehlt ein Strahl. Eine der Maschen hat sich gelöst, und das kann, wie du weißt, das gesamte Werk gefährden. Natürlich erhaltet ihr von beiden Seiten weiterhin Energie, aus dem Kosmos und aus der Erde. In Wirklichkeit findet ja beides immer gleichzeitig statt. Ihr nehmt Energie auf und gebt sie wieder ab. Aber beide Arten der ankommenden Energie treffen sich in diesem Falle nicht mehr in *deiner* Mitte. Es heißt nicht umsonst ›Blockade‹ in eurer Sprache.

Jetzt könnte man natürlich sagen: »Was geht mich das an, wenn andere nicht strahlen (und ich auch nicht)?« Nun, <u>die Stärke aller Strahlen auf der Erde wird von anderen gemessen.</u> Andauernd. Sie ist eine feste

Messgröße in den Systemen *anderer*. Und je besorgter diese anderen werden, desto größer ist die Wahrscheinlichkeit, dass sie eingreifen. Denk an die Sache mit den Dinosauriern und dem Kometen ...

T: Man könnte argumentieren, dass dann ja gar keine Strahlung mehr von uns käme.

L: Das ist richtig. Eine verschimmelte Scheibe Brot hat auch weiterhin Kalorien. Du wirst sie aber nicht essen – auch nicht in der größten Hungersnot. Du wirfst sie fort. Ich sage dir all diese Dinge nicht, um dich zu ängstigen. <u>Ich will viel mehr ein für alle das Argument entkräften, dass das Fortkommen anderer Menschen dir selbst nicht nützt. Wir hören dieses Argument wieder viel zu oft unter euch momentan.</u>

Tag 16:
Energien aktiv lenken

16.09.2020

T: Da war letztes Mal ein Detail an den Zeichnungen, das mir keine Ruhe lässt. Du sagtest so etwas wie: »Alle ankommenden Informationen werden vom Einzelnen entweder nach oben Richtung Hirn weitergeleitet oder nach unten Richtung Intuition.«

Da ich gestern nicht vom eigentlichen Thema ablenken wollte, habe ich die Schmierseiten ausnahmsweise nicht weggeworfen, sondern mir als Reminder aufgehoben. Kannst du mir heute mehr dazu sagen?

Lillysander: Aber gerne. Weißt du, tatsächlich geht jeder Mensch so mit ankommender Energie um – und Informationen (oder auch Worte) sind ja Energie. Die Preisfrage lautet natürlich: *Wie* entscheidet sich, in welche Richtung du ankommende Energien lenkst?

Nun, es gibt angeborene Tendenzen (du z.B. bist, oh Wunder, ein besonders intuitiv veranlagter Mensch), aber das Gros deines Verhaltens lernst du von deinen Eltern. Oder genauer: von jedem, der eine gewisse Autorität in deinem Leben hat. Und weil es früher sehr flott gehen musste mit den Entscheidungen [Kampf oder Flucht?], läuft dieser Mechanismus nach kürzester Zeit unbewusst und vollkommen automatisch ab.

Ein Beispiel: Zwei Menschen gehen durch einen blühenden Rosengarten. Rosen sind für alle gleich, so sollte man meinen. Und beißen können sie auch nicht. Die eine Person ist dementsprechend gut gelaunt. Ist doch alles wunderbar, nicht wahr? Die andere Person aber verändert sich mit jedem Schritt. Schaut auf den Boden, in den Himmel, nur nicht in die Blumen! Sie »macht zu«, wie manche sagen. Weil sie nämlich als Kind oft bei den Großeltern war, und diese hatten zwar einen weithin gerühmten Rosengarten, aber leider kein Herz für Kinder. Die Person hat Leid und Missbrauch erfahren.

Ihr sagt oft, dass dieser Effekt aus der »Psyche« komme – also aus dem Hirn. Tatsächlich aber kann das Hirn keine derart detaillierten Erinnerungen auf Dauer abspeichern. Das Hirn ist ein Taschenrechner. Es zählt zwei und zwei zusammen und bringt euch durch den Tag. Das Ergebnis ist dem Hirn völlig einerlei, es kann nichts damit anfangen.

Was hat das nun alles mit den Informationsströmen vom Anfang zu tun? Nun, stell dir vor, die Chakren wären Knospen oder Blätter.

Bei Kälte rollen sich die meisten Blätter zum Schutz ein, ergo: Bei seelischer Kälte schottet sich das Chakra ab!

Es braucht viel Wärme und Geduld, bis es wieder hervorkommt und sich wieder in Gänze »entrollt«. Sagen wir mal, die Großeltern mit dem Rosengarten haben dein 1. Chakra geschädigt (mangelnder Schutz, Wut, ...). Dann wird *jede* ankommende Energie, die Heimatbewusstsein, Familie, Wurzeln und Schutz anspricht, zwar aus Reflex in dieses Chakra geleitet, dort aber geblockt!

Diese Vorgänge sind der Grund, warum es folgendes Sprichwort gibt: »Du kannst den Wind nicht ändern, du kannst nur deine Segel anders setzen.«

Oder: »Du kannst nicht ändern, was dir passiert – aber sehr wohl, wie du darauf reagierst.«

T: Ehrlich gesagt habe ich nicht das Gefühl, irgendetwas von deinen Ausführungen annähernd begriffen zu haben. Ich habe alles so weit gehört und verstanden, ja. So wie man das Wort »Meer« versteht, wenn man noch nie auf einem Schiff ohne Sichtkontakt zur Küste war.

L: Wie gut dieser Vergleich ins Schwarze trifft, wirst du noch sehen. Bis dahin reicht es völlig, dass dieser Text existiert. Das Thema darf ruhig gären. Traubensaft tut das auch, und dennoch findet ihr Menschen das Ergebnis recht annehmbar.

Tag 18:
Gottes Stimmungsschwankungen

18.09.2020

[Tag 17: Keine Session.]

T: Ich fühle mich so nutzlos momentan. Die letzten Tage bin ich immer so erschlagen von der Arbeit, abends komme ich zu nichts und über die Roman-Manuskripte will ich besser gar nicht erst reden.

Lillysander: »Und wenn es 20 Jahre dauerte ...«

T: »... dann wäre ich immer noch schnell gewesen.« Ich weiß. Ich habe die Elfen noch gut im Ohr. Aber warum muss meine monatliche Performance so schwanken?!

L: Weil du Leben hervorbringen kannst. Weißt du, nicht einmal Alles-Was-Ist ist jeden Tag gleich. Das, was momentan so oft geschieht, diese sogenannten »Portaltage« und wie ihr das alles nennt, das sind, so könnte man sagen, winzige Schwankungen in Gottes Stimmung. Und Mannomann, die könnt ihr <u>sehr wohl</u> fühlen! Ihr wisst noch nicht so genau, wo das alles hinführen wird, aber ihr spürt alle, dass es kommt.

T: Ja, was denn??

L: Na, der Shift. Der Aufstieg. Du hast heute von einer Zeit gelesen, in der die Menschen wussten, wie man Kristalle für jeden Aspekt des Lebens nutzbar machen kann. Es wird also so sein, als ob ihr endlich diese Technologie wiederfindet. Als ob ihr von der dunklen Seite des Mondes auf die helle wechselt und die Sonne entdeckt. Als ob ihr neues Leben entdecken würdet.

[Die Nachrichten verkündeten heute, dass die NASA Hinweise auf Leben auf der Venus entdeckt hat. Es sind nur irgendwelche Gase, aber einige Forscher sind total aus dem Häuschen deswegen.]

T: [lacht] Oha, Tiefschlag. Wer weiß, was genau die NASA da auf der Venus ausgegraben haben will oder was das wieder für ein Windei ist. 2020 ist man ehrlich gesagt schon *alles* gewöhnt.

L: Abwarten, überleben, ... und *wissen*, dass wir da sind.

Tag 19:
Portaltage & Shifts

19.09.2020

T: Du hast von den Portaltagen gesprochen. Ich persönlich finde das Wort blöd (wie so viele Worte aus der Esoterik), aber ich weiß halbwegs, was gemeint ist. Möchtest du mir mehr über diese Tage erzählen?

Lillysander: Was man sich über diese speziellen Tage anlesen kann, ist naturgemäß dürftig. Das liegt natürlich nicht an den vielfältigen Menschen, die Informationen verbreiten über Blogs usw, die tun ihr Bestes!

Ich meine eher, wenn man die Unterschiede nicht <u>spürt</u>, ist alles Wissen graue Theorie. Also? Was sind nun diese »Portaltage«? Im Grunde müssten sie »Oszillationstage« heißen. Denn weder geht die Erde irgendwo durch ein Portal, noch schaltet sie einen Gang höher. Glaub mir, wenn du dieses Bild bemühen wolltest, müsstest du dir ein Auto mit *Milliarden* Gängen vorstellen. Nicht besonders praktikabel!

Stell dir deshalb gleich einen Oszillografen vor – ein Gerät, das Schwingungshöhen hör- und sichtbar macht. Hier gibt es keine

Gänge, es gibt nur den Knopf, an dem gedreht werden kann. Stufenlos, wie ihr so schön sagt. In dem Moment, an dem jemand am Knopf dreht, muss der Tag als »Portaltag« deklariert werden.

T: Und wer dreht an dem Knopf?

L: Ihr selbst, meistens. Ihr Menschen als Kollektiv. Ja, auch die Sternenkonstellationen und ab und an auch die geistige Welt, um helfend oder steuernd einzugreifen. Die größten Sprünge macht ihr aber tatsächlich selbst. Wenn ihr die Politik zum Handeln zwingt. Wenn ihr euch einem Unrecht in den Weg stellt. Wenn ihr eure Türen öffnet, um Fremde(s) einzulassen. Und vor allem dann, wenn ihr einen Schlüsselmoment der Klarheit erlebt. Eine kleine Erleuchtung sozusagen. Wenn ein Gedanke dafür sorgt, dass eine große gedankliche Last von euch abfällt und ihr einen neuen Weg einschlagt. Immer dann geschieht der einzige echte Wandel, zu dem das Menschenkinderkollektiv fähig ist! Immer dann, wenn eine gewisse Menge Leute gleichzeitig diesen gedanklichen Schritt macht, ist ein »Portaltag« erreicht. Und der Schritt wird leichter durch die sonstigen Umstände an diesem Tag, wie die Konstellation der Sterne etc. Positive gegenseitige Verstärkung! Aber: Es ist nicht nötig, diese Tage nachzuschlagen oder sich orakeln zu lassen. Denn die richtig großen Fortschritte, die ihr persönlich an einem bestimmten Tag macht, stehen nicht in den Sternen geschrieben. Sie können eine gewisse Erklärung liefern, das schon. Im Nachhinein.

T: Warum fühlen sich viele an diesen Tagen so schlapp oder anders?

L: Erstens: Selbsterfüllende Prophezeiung.

Zweitens: Die Lage des Sternenmeers in Relation zu euch (oder vielmehr andersherum) ist durchaus relevant für euer Wohlbefinden. Sonne und Mond bekanntermaßen ganz besonders. Aber es verhält sich alles etwas anders, als ihr euch das vorstellt.

T: Das sollten wir morgen weiter besprechen, okay?

L: Gern. Drittens: Was du spürst, sind nicht die Auswirkungen der guten Vorgänge (der Mini-Erleuchtungen), sondern die Auswirkungen der »negativen« Seitenvorgänge.

T: Wie bitte?

L: Lass es mich so erklären: Wenn jemand feststellt, dass er an einem Ort oder neben einer Person nicht mehr wachsen kann und endlich geht, hat diese Person alles richtig gemacht. Daran gibt es keinen Zweifel. Oft empfindet es auch das Umfeld, die andere Partei oder der andere Partner als »besser so« – oder wächst durch eigene Erkenntnisse sogar mit. Aber: Das Umfeld (Familie, Partner usw.) kann auch auf dem alten Standpunkt beharren und *nicht* dazulernen. *Nicht* mit aufsteigen, sondern in Wut und Rachedurst versinken. Das kann man besser spüren, als ihr denkt – und zwar nicht nur lokal.

T: Schade eigentlich, dass wir die »schlechten« Dinge eher mitbekommen, das Gute aber nicht.

L: Stell es dir so vor: Eine Sportlerin, die gerade ein großartiges Workout hinter sich gebracht hat und bis zu den Knöcheln verschwitzt an dir vorbeikommt, wirst du wahrnehmen ... weil sie müffelt wie ein Tier! Ihren Stolz aber, ihren pulsierenden Körper, ihre auf schönste Weise müden Muskeln? Die spürt sie nur selbst. Das sind diese »negativen« Seitenvorgänge, die ich eben meinte.

T: Das ist ein gutes Bild!

Tag 20:
Der Einfluss der Sterne

20.09.2020

T: Behandeln wir heute bitte den Einfluss der Sterne auf uns?

Lillysander: Heute Thema Sterne, gern. Also, erst einmal die Basics. Wenn du geboren wirst, bekommst du den Stempel aufgedrückt von dem Zeichen, das zu deiner Geburt im Himmel stand. Bei dir ist das der Löwe.

T: Korrekt, ich bin ein Juli-Kind.

L: So. Schon das ist nicht grandios aussagekräftig, um ehrlich zu sein. Viel zu viele Leute haben sich über zu viele Jahrhunderte etwas zusammengereimt.

T: Warum tun sie das? Und auf welcher Grundlage?

L: [knochentrocken] Statistik.

T: [bricht in lautes Lachen aus] »Besser lügen mit Statistik«, hm? [Das ist ein Buchtitel, dem ich im Journalismus-Studium begegnet bin.]

L: [seufzt] Du machst dir keine Vorstellung!

T: Okay, also vieles ist Mumpitz?

L: Was heißt Mumpitz ... es gibt zum Beispiel Sternzeichen, die von gewissen Planetenstellungen *null* beeinflusst werden und andere mehr. Warum sollte es hier irgendwie anders laufen als bei jedem anderen Konzept im Universum? Außerdem, und das ist noch viel wichtiger: Der *Glaube* versetzt Berge – nicht die Sterne. Wer an einen ganz bestimmten Effekt glauben möchte, bekommt ihn! Klassisches Placebo!

Und übrigens: Das Wissen um die Sterne ist (ebenso wie euer Wissen über Chakren) viele hundert bis tausend Jahre alt. Und es gibt zu wenige, die sich (so wie du gerade) die »Updates« erklären lassen, salopp gesagt. Es findet keine Forschung und kaum Fachaustausch statt. Jeder liest, probiert und denkt (größtenteils) für sich. Nur die Allerwenigsten schaffen es, wie Rupert Sheldrake über lange Zeit, ein Themenfeld in aller Tiefe zu bearbeiten. Und wir würden es präferieren, wenn auch er die Lauscher aufsperren würde. Also, in unsere Richtung natürlich.

T: Das ist so ein geheimer Traum von mir, muss ich sagen. Herumreisen und Leuten wie Sheldrake zuarbeiten bei ihren Fragen und Themen. Für sie Channeln.

L: [grinst] Wie eine Muse eben.

T: Ach du Schande, du hast recht!

L: Ich könnte dir jetzt viel dazu sagen, aber erstmal machst du die sieben Bücher fertig.

T: Oh, wie gemein!

L: Nein, es muss so sein. Zurück zu den Sternen! Sterne und Planeten haben Auren, so weit waren wir ja schon. Einflussbereiche. Elektromagnetische Felder und Strahlungsfelder (die Sonne hat das größte energetische Reichweitenfeld in eurem System, auch klar.) Das heißt nicht unbedingt, dass sie beseelt sind oder Charaktere haben (stell dir mal vor, der Pluto könnte mit euch sprechen und stellt sich dir als Horst-Günther vor, hehe). Aber sie haben Frequenzen. Und Hüter, also quasi ein zugeteiltes Projektteam, aber auch darum geht es heute ja nicht.

Wenn ein Planet wie die Venus euch näherkommt, kommt ihre *Aura* euch näher. Nicht viel, aber eben genug. Sie verschmilzt natürlich nie mit der Aura der Erde (das gäbe ziemliches Chaos), aber besonders ähnlich schwingende Menschen können unter gewissen Umständen ihre Einflüsse spüren. Sie sind gewissermaßen planetenwetterfühlig. Du siehst aber, das sind ein Haufen »wenn«, »ob«, und »aber«.

T: Hm, ich glaube, ich werde hierzu mal ein bisschen recherchieren. Jetzt hast du mein Interesse jedenfalls geweckt!

L: Mach das.

Tag 22:
Ernährung

22.09.2020

[Tag 21: Keine Session.]

[Gestern haben mein Mann und ich eine Doku über Ernährung gesehen – »Eating you alive«, auf Netflix. Wie so oft wurde zu veganem Essen geraten, und ich verstehe das ja auch. Aber ich will nicht lügen, es ist schwer. Zumal ich persönlich bisher mit Low Carb und ketogener Ernährung (Fette & Proteine ja, Kohlenhydrate nein) die besten Erfahrungen gemacht hatte. Also dachte ich mir, frage ich doch mal nach!]

Lillysander: Es gibt nur drei Regeln, die für die Gesundheit der Menschen *existenziell* sind, und zwei davon sind bei den beiden oben genannten Ernährungsformen gleich.

1) Iss und trink keinen raffinierten Zucker.

2) Iss keinen »toten« Weizen. Billigweizen. Industrieweizen.

3) Iss kein Fleisch, wenn es deine Situation auch nur entfernt zulässt.

Da die Allermeisten von euch nicht nomadisch durch Grönland oder die nördliche Taiga ziehen, sollte dieser Punkt nicht allzu schwer erfüllbar sein, nicht wahr? Die anderen beiden Regeln sind nicht verhandelbar, aber auch extrem neu. Vor 300 Jahren brauchten wir niemanden vor Zucker und Weißbrot warnen. Diese Dinge waren weder bekannt noch beim Händler zu kaufen! All das hat sich in euren Alltag eingeschlichen. Und es ist nun an der Zeit, dass ihr diesen Produkten die Türe zeigt. Das ist alles.

T: Ich danke dir. Eigentlich wollte ich endlich über Placebos sprechen, aber dazu werden wir wohl wieder nicht kommen, hm?[3]

L: Das wird schon noch. Ein Weilchen bin ich ja noch da.

T: Eine Woche noch. Wahnsinn. Wir haben uns doch gerade erst so richtig warm geschrieben.

L: Ich gehe ja auch nicht ganz weg. Könnte ich gar nicht! Ich mache nur Platz für den nächsten Gast in der Reihe.

T: Ich habe leider noch keinen Schimmer, wer das sein könnte. Ich hatte jetzt die Harpyie (Chakra 1), Jormungandr (3), dich (4) und die

---

[3] Tatsächlich hat der Meister des Wissens dann endlich die Placebos mit mir besprochen, und zwar am 03.10.2020. Ihr könnt also entweder auf www.the-spirit-scribe.de schon einmal nachlesen gehen, oder bis zum nächsten Buch warten.

Elfen (5). Das bedeutet, der kommende Aspekt beackert entweder die Themen Sexualität/Schöpfung (2), Wissen (6), oder Weisheit/Erleuchtung (7). Das wird spannend! Ich wüsste zu gerne ihre Namen. Wer und was sie sind, und wie sie sich mir zeigen werden.

L: Leider darf ich dir noch keine Hinweise geben. Sie müssen sich dir selbst offenbaren. Aber du bist heute zum wiederholten Male auf einen sehr wichtigen Umstand gestoßen: Du kannst uns zur Unterstützung rufen.

T: Stimmt. Ich habe eben sehr laut gedacht: »Jormungandr, gewähre mir Balance. Harpyie, gewähre mir Stille.« Sofort hat mich ein heftiges Maß an Energie durchströmt. Heftiger noch, als wenn ich ohne diese Anrufung channele.

L: Stell dir mal vor, dein Gebet wäre schon ganz fertig und du würdest alle Namen deiner Unterstützer kennen. Stell dir mal vor, was in deinen Chakren los wäre, wenn sie alle angesprochen sind.

T: Das wird so cool!

Tag 24:
Du bekommst so viel Liebe,
wie du zulassen kannst

24.09.2020

[Tag 23: Keine Session.]

T: Du liebe Güte. Sechs Tage noch und unsere gemeinsame Zeit ist erst einmal vorbei. Dabei haben wir kaum über die Ahora gesprochen!

Lillysander: Es gab eben andere wichtige Dinge.

T: Trotzdem. Es schockiert mich, dass du sagtest, du hältst dich zurück. Kannst du bitte wieder so richtig ... ich weiß gar nicht, wie ich das formulieren soll ... »die Sau rauslassen« tust du ja nicht!

L: Kann ich dir die Erkenntnisse bitte wieder kübelweise liefern? Ich will es versuchen.

T: *Woah!* [Ich hatte noch keinen Punkt hinter den letzten Satz gemacht, da änderte sich das Gefühl. Die Connection ist jetzt tiefer. Ich fühle mich, als würde ich einen grandiosen Liebesfilm ansehen. Mein Herz wird angesprochen.]

L: <u>Weißt du jetzt, was wir meinen, wenn wir sagen: »Du bekommst immer nur so viel Liebe, wie du zulassen kannst«?</u>

T: Aber so arg hatte ich mich doch nun auch nicht gegen dich gewehrt?

L: Du hast unser Manuskript dein *Angstprojekt* genannt und nie darüber gesprochen! Daran geschrieben auch nicht. Wie soll ich so etwas auffassen?

T: Es tut mir so leid. Wie an diesem einen Tag mit der Weltenschlange [Tag 20] könnte ich mir dafür in den Hintern beißen, wie ich mich verhalten habe. Was mir bereits alles entgangen ist durch meine sch*** Angst!

L: Gut, dass *du* das formuliert hast. So musste ich es nicht tun.

T: Also dann wünsche ich mir jetzt endlich Erfolg! [Von einer Sekunde auf die andere tut mir der ganze Körper weh.]

L: Eigentlich sind wir gerade noch auf einer ganz anderen Baustelle, nicht wahr?

T: Hm. Scheint so.

L: Du hast einen ziemlich verzweifelten Aufruf formuliert in deinem Innern, ist es nicht so? Gerade vor wenigen Tagen.

T: Schon richtig. Ich habe mir ein Team gewünscht, das mit mir eure Buchreihe beackert. Übersetzungen, Lektorate, Satz, Cover. Das alles nimmt wie üblich sehr viel Zeit in Anspruch.

L: Und ich sammele dieses Team gerade zusammen, wie du heute gemerkt hast.

[Meine neue Kollegin S. und ich haben uns heute gegenseitig als Hochsensitive erkannt. Solche Augenblicke sind etwas ganz Besonderes und es herrscht immer eine Wahnsinnsenergie in dem Moment. Das war einsame Spitze!]

T: *Du* warst das mit meiner Kollegin? Sie kann mir helfen?

L: Gerade als »Anfängerin« kann sie wertvolles Feedback beisteuern. Und auch sonst ist sie sehr clever, wie du feststellen wirst.

T: Das wird genial. Ich muss sagen, mein Wunschkonzert geht etwa so: Meine Mutter hilft mir mit dem Entwirren der halb auf Deutsch, halb auf Englisch vorliegenden Texte; A. macht die Cover, die neue Kollegin sagt Bescheid, wenn mehr erklärt werden muss, und V. macht das Networking. Und ich channele natürlich jeden Tag, was das Zeug hält!

L: Glaubst du, es kann nicht so werden? So sein? Glaubst du, Erfolg steht dir nicht zu?

T: Warum zur Hölle tut mir sofort etwas weh, wenn wir über Erfolg sprechen?

L: Weil du schon häufiger erfolgreich warst. Aber der Preis war hoch. Du warst schon erfolgreich, um deiner Mutter zu gefallen.

Du warst schon erfolgreich, um Männern etwas zu beweisen. Und du warst schon *zu* erfolgreich als Heilerin und Vertraute. In all diesen Zeiten warst du eine ziemliche Einzelgängerin. Dir fehlte der ...na ja ... Herdenschutz. Das Netzwerk. In den Tempel-Leben in der Wüste jedoch warst du <u>mit anderen erfolgreich.</u> Das ist ein sehr großer Unterschied, glaub mir.

T: Wenn du das so sagst, klingt es alles ganz einfach. Aber nicht jeder, den ich frage, kann mir Zeit erübrigen. Die Leute haben doch ihr eigenes Leben.

L: Wenn fünf Menschen dir eine Stunde aus ihrer Woche zur Verfügung stellen, bist du fünf Stunden <u>pro Woche</u> weiter. Das summiert sich ganz schön, meinst du nicht?

[Timer abgelaufen.]

T: Okay. Ich verspreche, ich werde mehr um Hilfe bitten. Wo immer es sich anbietet.

L: Sehr gut.

Tag 27:
Der Meister des Wissens

27.09.2020

[Tag 25: Live-Channeling mit Freundin. Tag 26: Keine Session.]

T: Mensch, wir wollten doch unbedingt noch über Placebos sprechen!

Lillysander: Wie du schon seit einigen Tagen zunehmend spürst, möchte dein nächster Gast das gerne mit dir besprechen. Er brennt richtiggehend darauf! Er hat außerdem heute die Musik ausgewählt [Vivaldi]. Und da dieses Thema wirklich eher ein *Wissensthema* ist, lasse ich gerne den Vortritt. Natürlich heilt mein Licht ultimativ, aber darüber werden schon so viele Bücher geschrieben.

T: Das heißt, mein nächster Gast ist in jedem Fall der Aspekt des Wissens!

L: Korrekt.

T: Ich habe gerade versucht, ein Bild, ein Aussehen dieses Aspektes zu bekommen. Es liegt vielleicht an meiner Persönlichkeit, aber ich habe mir einen Lehrer wie Konfuzius vorgestellt.

L: Du hast schon recht, dass deine Erfahrungen beeinflussen, wie sich der Aspekt dir zeigt. Andere würden das Wissen vielleicht nur annehmen, wenn eine Kristallkugel zu ihnen spricht und wieder andere nur dann, wenn der immer und für alles gerne bemühte »Engel« ihnen erscheint.

T: Hehe. Ihr wisst ja, mit den Brüdern kommt ihr bei mir nicht weit.

L: In der Tat. Also wird sich das Wissen in Form eines als asiatisch erkennbaren Meisters zeigen. Denn du hast *gute, liebevolle* und *erfolgreiche* Erfahrungen mit dieser Art von Lehrmeister gemacht, als du in deinem »Japan-Leben« unterwegs warst. Er war dein Lehrer – obwohl du eine Frau warst. Wie du dir vorstellen kannst, war das in diesem Jahrhundert äußerst ungewöhnlich und auch riskant. Aber dein Meister war weit entwickelt, in jedem Sinne des Wortes.

T: Kann ich seinen Namen erfahren?

L: [lächelt] Den soll er dir selber sagen.

T: Okay. Worüber möchtest *du* heute sprechen? Im Grunde mache ich euch nicht gerne Vorgaben. Die genialsten Sessions entstehen oft gerade *nicht* aus Fragen von mir. Sie entstehen immer dann, wenn ihr mit so einem Knaller-Satz eingestiegen seid. Wie vor ein paar Tagen. »Menschen sind Maschen, keine Maschinen.« Bäm! So was liebe ich.

L: Ich weiß. Aber es ist nun mal nicht jeden Tag der richtige Moment für so eine Steilvorlage von uns. Dieses Wochenende haben wir uns auf die Fleißaufgaben konzentriert.

T: Ach, du warst das. Faszinierend. Am Freitag schon hatte sich A. angekündigt zum Quatschen und Channeln, was auch gut geklappt hat. Am Samstag wird mein Kind spontan den ganzen Nachmittag eingeladen und heute [Sonntag] versüßt ein anderer Schulkamerad meinem Einzelkind den Tag, damit mein Mann und ich Arbeit wegschaffen können. Coole Sache!

L: Gern geschehen. Übrigens fühlst du richtig, dass das Channeling vom 25. September mit dem Vertreter des Glücks nicht in dieses Buch gehört. Es sind sehr persönliche Nachrichten. Eventuell bietet sich irgendwann mal ein Buch an mit Nachrichten für ganz spezielle Themen und Anfragen, aber dieses Buch hier muss so »generell« bleiben. Du kannst aber gerne die Kernaussagen mal irgendwo zusammenfassen. Die Wort-für-Wort-Durchgaben sind einfach zu privat.

T: Okay, daran werde ich bei der Produktion der Bücher denken, danke.

L: Immer gerne.

T: Abschließende Worte für heute? Unsere Zeit ist leider fast schon wieder um.

L: Ja. Frag die Frage, die eben durch deinen Geist huschte. Unterschlage sie nicht.

T: Hm. Ich hatte mich eben gefragt, wann Corona endlich vorbei ist.

L: **Wenn die Leute es begriffen haben.**

T: ... also nie.

L: Sei nicht so gemein zu deiner eigenen Art. Und lass es mich außerdem präziser formulieren: Wenn einige wichtige Stellen, die oft so schön benannten Schlüsselfaktoren oder Schlüsselfiguren auf Schlüsselpositionen etwas in ihrem Denken ändern. Und damit meine ich keine Präsidenten oder so. Ich rede von der Fläche. Von der Masse. Von den Chefs dieser Welt im wirtschaftlichen Sinne. <u>Wir haben jetzt lange genug dabei zugesehen, wie mit euch Legebatterie, Rodeo und Wegwerfgesellschaft gespielt wird. Jemand musste euch daran erinnern, dass der Faktor Mensch in der Wirtschaft den höchsten Stellenwert besitzen muss, denn ohne Menschen gibt es weder die Grundlage für Wirtschaft (Wertschöpfung durch Hände und Hirne), noch einen Grund dafür, weil es keine Konsumenten gibt. Diejenigen, die den »Schuss vor den Bug« sofort als solchen verstanden haben, werden florieren.</u>

Diejenigen, die es noch immer nicht verstehen und ändern *wollen*, die werden untergehen. <u>Dieses Konzept heißt »das Überleben des Stärkeren«. Das mögt ihr Menschen doch so gerne!</u>

Tag 30:
Alter Meister, neuer Freund

30.09.2020

[Tag 28 & 29: Keine Sessions.]

T: Heute ist unsere letzte gemeinsame Session und ich bin krank. Zuerst war ich deshalb irritiert und zornig, aber dann änderte sich schlagartig alles. Ich verstehe plötzlich, warum es so sein muss. Seit heute Mittag bin ich weder zornig noch besorgt. Denn ich weiß, warum. Danke, dass du über mich wachst. Es gibt keine bessere Planerin als dich. Ich habe mich den überwiegenden Teil des Monats getragen, geliebt und wertgeschätzt gefühlt und das verdanke ich dir. Also: Danke. Wieder und wieder und immer wieder danke.

Lillysander: <u>Indem du anerkennst, dass mein Eingreifen dich *weiterbringt*,</u> obwohl es wie ein Stopp erscheint – und vor allem, <u>indem du diese Stopps ehrst und einhältst</u> – erlaubst du mir, immer <u>tiefer in deinem Leben Wurzeln zu fassen und dort wahre *Magie* zu wirken.</u> Lass den heutigen Tag lange und gut in dein Gedächtnis einsickern. Merkst du es? In dem Moment, als der Anruf aus der

Schule kam, fiel meine Blockade namens »Krankheit« zu einem Großteil von dir ab.

T: Ja, das war überdeutlich. Ich bin ein überaus gewissenhafter Mensch und ich liebe meine neue Arbeit, aber heute Morgen schrie mein Körper: »Bleib im Bett!!!« Gliederschmerzen, Ohrenschmerzen, Schüttelfrost, bleierne Müdigkeit. Also habe ich mich zum Arzt geschleppt, nicht ins Büro. Unser Sohnemann ist schon seit drei Tagen zu Hause, obwohl ihm augenscheinlich nicht viel zu fehlen scheint. Immer wieder habe ich überlegt, ihn wieder zur Schule zu zwingen. Und dann – zack! – der Anruf: Corona-Großalarm in der Betreuungsgruppe seiner Schule. 48 Stunden freiwillige Quarantäne empfohlen. Und mit einem Schlag kam mir in den Sinn: Er hat sich nicht *herausgeredet* (wie wir zwischendurch vermuteten) ... er hat sich *herausgerettet*. Er wäre sonst noch tagelang auf die vielleicht infizierten Kinder getroffen.

L: Du hast gut daran getan, seine Intuition zu ehren. Und dich bei ihm zu entschuldigen für deinen Verdacht auf Faulheit – denn es geht ihm ja tatsächlich gut. Er wusste, er muss aussetzen – zum Wohle aller. Seine Intuition bleibt intakt. Und ich kann euch so gesund, wie mir irgend machbar war, an den nächsten Aspekt verweisen. Das Wissen, das du im kommenden Monat ansammeln wirst, beinhaltet *alles*, was es sich zu wissen lohnt. Aber Obacht: Ähnlich wie die Informationen der Elfen wird viel davon unüberprüfbar bleiben. Wir wissen, wie sehr dich das ärgert. Und doch bleiben die Inhalte dieser universellen Sorte von Nachrichten immer gleich.

T: Kann ich heute einen Namen erfahren?

Aus dem Off: *Kei yu san.*

T: [Ich teste den neuen Namen energetisch. Spreche ihn mehrfach aus und formuliere meinen tiefen Wunsch nach höherem Wissen.]

Kei yu san: Jetzt besteht eine Verbindung zwischen uns. Ich bin stolz auf dich.

T: Danke, dass du hier bist, Meister. Wow, ich freue mich richtig, dich so nennen zu dürfen!

K: Und ich bin erfreut, dich wiederzutreffen. Den Weg wieder mit dir zu beschreiten. Obwohl ich gewiss nicht meisterlicher bin als alle übrigen Aspekte, behandeln mich – das Wissen – doch viele heute als ihren ultimativen Gott und entsagen dafür allen anderen. Das an sich ist schon eine Perversion, wenn du tiefergehend darüber nachdenkst. Denn ich bin doch auch nur *eine von vielen* Wasserschalen in einem Tempel. Und dieser Tempel liegt unter Wasser, um genau zu sein.

T: Hehe, das ist gut gesagt. Ich freue mich schon riesig. Ich hoffe, die Musikwahl ist angenehm für dich? [Ich habe Meditationsmusik mit einer japanischen Flöte namens Shakuhachi angemacht.]

K: Wie du dich vorhin richtig erinnert hast, lieben wir beide die Erhu [asiatisches Cello mit nur einer Saite]. Mehr davon wäre toll. Aber das ist auch hübsch.

T: Okay! Was wird dein Erkennungszeichen sein? Hast du eines?

K: Dir wird sehr viel Sinnloses am Wegesrand auffallen. Schreiend unlogische Dinge. Also, noch mehr als jetzt schon. Und doch muss der Grundtenor des Menschen bleiben: »Ich weiß, dass ich nichts weiß!« Sonst geht die Demut verloren. Lilly hat hier abermals einen großen Vorteil gegenüber uns anderen, denn du kannst problemlos lieben, ohne viel zu wissen (wie ein Baby zum Beispiel), aber du solltest nie wissen, ohne zu lieben. Das endet schrecklich, glaube mir.

T: [Ich wende mich dem Liebesgeists zu] Lilly ... ich habe keine Worte dafür, wie gerne ich dich bei mir hatte. Und ich will mich auch gar nicht in Abschiedsworte verstricken, denn ich weiß, dies ist kein Abschied.

L: Absolut richtig. Deine Freundin A. hat es schön formuliert: »Der Aspekt ist immer nur einen Gedanken weit entfernt.« Ganz genau so ist es. <u>Ich gehe nirgendwo wirklich hin. Ich bin in jeder Sekunde bei dir!</u>

T: Meister, wir sprechen uns morgen, ich kann es kaum erwarten.

K: Ich freue mich auch auf unsere Zeit. Ich plane ehrlich gesagt, sie auf Äußerste auszureizen.

T: Oha, da bin ich gespannt. Dann mal los!

[Übrigens: Die angehängte Silbe *»San«* hinter einem Namen ist im Japanischen ein Ehrentitel, ähnlich wie wir *»Herr* Hoffmann«, *»Mister* Smith«* oder *»Frau* Müller« sagen. Interessant für mich ist, dass er mich weder auf die Vokabel *»Sama«* hingewiesen hat, die eher mit *»euer Ehren, eure Eminenz«* übersetzt werden würde; noch nutzte er *»Sensei«*, was »Lehrmeister« bedeutet. Die Bezeichnung als *»San«* setzt ihn auf keine höhere Stufe als mich, es gibt hier kein Machtgefälle. Das ist so typisch für die geistige Welt, und es ist immer wieder schön zu spüren, dass ihnen sämtliche hohen Titel völlig egal sind.]

TEIL 3

Schlussgedanken

Wie üblich konnte ich am Anfang dieses Spirit-Interviews kaum ermessen, welche wichtigen Grundsteine Lillysander in diesem Monat legen würde. Die Aspekte haben eine Art, mir Konzepte aus zehntausenden Jahren menschlicher Erfahrung noch einmal darzulegen, *ohne* die bekanntesten Schlagworte dafür anzubringen. Wahrscheinlich würden wir Leser und Empfänger der Nachrichten sonst sofort in alte Schubladen rutschen, und »Fachwissen« hervorkramen, dass im Zeitalter der Quantenphysik immer öfter auf wackeligen Füßen steht.[4]

Ich gebe jedoch gerne zu, dass es nachher immer eine Heidenarbeit ist, die entsprechenden Schlagworte wie Reiki, Nullpunktfeld/ morphisches Feld etc. herauszufinden, und ganz sicher schaffe ich es nie, sie alle ausfindig zu machen. Daher kommt wohl die trügerische Einfachheit vieler Aussagen. Eine der *scheinbar* simpelsten Aussagen, die sicherlich bei vielen zu innerem Widerstand geführt hat, findet sich

---

[4] Die hervorragende Wissenschaftsjournalistin Lynne McTaggart hat in ihrem Bestseller »Das Nullpunkt-Feld« viele enorm wichtige Erkenntnisse der Quantenphysik perfekt für Laien zusammengefasst. Ich darf an dieser Stelle ihre Bücher also wärmstens empfehlen!

zum Beispiel in Session Nummer sechs namens »Liebesenergie konkret«:

»Du kannst Liebe nicht erschaffen, du kannst sie einzig und alleine von Allem-was-ist erhalten.«

Wenn wir annehmen, dass die Worte Liebe, Licht und Energie im Grunde die gleiche universelle Kraft umschreiben, dann ist obige Aussage absolut korrekt. Wir können als Menschen weder mit den Fingern schnippen und eine kleine Sonne in unseren Handflächen erzeugen, noch können wir dafür sorgen, dass uns ein Gegenüber schlagartig und aus heiterem Himmel tief zu lieben beginnt. Wir können das Meer an Energie, in dem wir existieren, nicht selbst herstellen. Ist das schlimm? Nein. Das sprachliche Problem entwickelt sich, weil wir wissen, dass wir Liebe und Energie nicht nur aus dem Universum erhalten, sondern sie auch als Menschen untereinander austauschen. Wir wissen, dass es einen greifbaren Effekt hat, eine Pflanze zu pflegen, ein Tier zu kuscheln, unsere Kinder fest zu umarmen und unsere Partner:innen zu küssen. Jemandem oder etwas unsere Liebe und Aufmerksamkeit zu widmen. Ist die Aussage oben deshalb falsch? Nein, sie ist perfekt, aber man muss sich wie so oft am Riemen reißen, sie genauestens zu lesen.

Geh einmal zurück zu dem Satz auf der letzten Seite, lese ihn dir laut vor und ersetze dabei »Alles-was-ist« durch das Wort »Menschen«. Dann lies ihn nochmal, und ersetze »Alles-was-ist« durch »Tiere«. Dann durch »Partner:innen«, dann durch jedes Wort, das dir einfällt. Denn wenn »Alles-was-ist« wirklich *alles* enthält, wenn wir wirklich alle *eins* sind, dann kannst du es drehen und wenden, wie du möchtest. Der Satz hat Bestand.

Ich wollte deshalb noch einmal tiefer darauf eingehen, weil ich selbst *so* lange daran geknabbert habe!

Praktische Übung:
Eine Meditation mit
deinen Lieben

Wie beim Manuskript der Harpyie hatte ich keine wirkliche Idee, welche Übung ich als kleine Zugabe zu diesem Buch gestalten könnte. Selbstverständlich gibt es zahllose Übungen dort draußen, um sich mit seinem Herzen (oder besser gesagt seinem Herzchakra) zu verbinden. Um die für uns lebenswichtige, energetische Linie wieder herzustellen zwischen unserer oberen Hälfte, die ans Universum angebunden ist; und unserer unteren Hälfte, die an den Planeten angebunden ist (siehe Tag 14). Das Internet und die Ratgeber-Literatur sind voll von diesen Übungen. Sicher ist dir jedoch schon aufgefallen, dass ich zu einigem Ehrgeiz neige, und in Absprache mit Lillysander darf ich dich daher an dieser Stelle einladen, sie in einer Meditation persönlich zu treffen. Ohne mich als Vermittlerin.

Es war und ist mein höchstes Ziel, jede Seele dazu zu befähigen, *selbst* das Gespräch mit Allem-was-ist zu führen, und es gibt schlicht und ergreifend keinen wunderbareren, sichereren Trainingspartner als diesen kleinen Splitter der Liebe, der dich so bereitwillig mit ihrer Energie überschütten und dich anleiten möchte.

Ich bitte dich also: Lass dich auf diese Übung ein, in der es ganz und gar darum gehen soll, Liebe zuzulassen und zu zeigen.

Wie so oft werde ich als Rahmen meine Lieblingstechnik anwenden – die leicht abgewandelte »Zauberwiese« nach Dr. med. Thomas Meyer.

Nach dem Einstieg wirst du zuerst einige Wesen (wieder-)treffen, die du aus tiefstem Herzen liebst. Es spielt dabei keine Rolle, ob diese Menschen oder Tiere noch leben oder ob sie schon vorausgegangen sind auf die andere Seite. Dieser erste Schritt wird dir die anderen Teile der Übung wesentlich erleichtern, da das Herz solche Momente, in denen es große Liebe gespürt hat, wie ein Generator wieder erzeugen kann. Es kann diese wichtigsten Erinnerungen unserer Seele wie eine Karte oder einen Index benutzen, um auf ein ganz bestimmtes Set aus Gefühlen zuzugreifen.

Diese Übung kann im größten Maße heilsam sein. Zum einen, weil wir den Akku unserer Seele immer enorm aufladen, wenn wir Zeit mit denen verbringen, die wir lieben. Ob wir sie physisch treffen oder »nur« in der Welt in unserem Inneren, spielt dabei überhaupt keine Rolle. Zum anderen beweist keine Übung besser, dass eine körperliche Hülle ein netter Zusatz für eine Seele ist – keinesfalls dessen nötige Grundlage! Die geliebten Menschen und Tiere existieren noch, das wirst du *dir selbst* hiermit glasklar beweisen können. Die stärkste Veränderung in dir entsteht jedoch, wenn es dir gelingt, dass deine Liebsten dir etwas mitteilen können. Wenn sie dir die Antwort auf eine Frage geben können, die dich quälte. Sie können dich *verstehen* lassen, warum gewisse Dinge geschehen mussten – und dieses Verständnis ist der Schlüssel für deinen weiteren Heilungsweg.

Im zweiten Teil dieser Übung, den du gerne am nächsten Tag machen kannst, wird es dann darum gehen, Kontakt zu deinem ganz persönlichen Liebesgeist aufzunehmen. Wird der Lillysander heißen? Höchstwahrscheinlich nicht. Wird das Wesen eher weiblich, eher männlich oder androgyn aussehen? Oder sich vielleicht sogar als Hund, Pferd, Ratte oder Drache zeigen? Leg einfach los und lass dich überraschen! Befreie dich von jeglichen Gedanken, wie etwas sein müsse oder wie die Liebe auszusehen habe – völlig egal, welche (Schein-)Autorität (Kirche, Eltern, Schule) dir das angeblich einzig wahre Bild eingetrichtert hat.

Du hast dir selbst bereits ein Bild erarbeitet, das dir hilft und das für dich absolut stimmig ist? Super! Wenn dem aber nicht so ist, kann ich mich nur wiederholen: Bleib einfach offen für alles, was sich gut und richtig anfühlt.

Im dritten und letzten Teil geht die Übung dann weiter mit einer nicht so geliebten Person. Auch hier kannst du Zeit zwischen den Übungsteilen verstreichen lassen, aber da du von deinen Liebsten regelrecht »aufgeladen« sein wirst, geht es vielleicht fast leichter von der Hand, sich recht zeitnah mit jemand nicht ganz so nettem auseinanderzusetzen. Bitte stell dir aber nicht gleich deine Nemesis vor! Vielleicht lieber einen zänkischen, aber ungefährlichen Nachbarn? Eine pedantische Kollegin? Ein Geschwister, das unabsichtlich ordentlich Mist gebaut hat? Sinn und Ziel dieses letzten Übungsteils wird sein, die Situation der anderen Person aus dieser neuen, wortwörtlich *höheren* Warte aus zu betrachten und Verständnis zu zeigen. Du brauchst dich nicht verbiegen, und auch *keine* Vergebung über diesen Menschen ausschütten, die du in dir nicht fühlst. Es ist jedoch sehr wahrscheinlich, dass dir die Situation des anderen in ganz neuem Ausmaß bewusst wird und du *verstehst*, warum diese Person so handelt oder auf dich reagiert, wie sie es tut. Dieses Verständnis ist das Samenkorn, aus dem Mitgefühl erwächst. **<u>Verständnis ersetzt Vergebung.</u>**

Zu guter Letzt: Ich weiß, diese Übung ist lang und verlangt viel von dir. Sei deshalb besonders geduldig mit dir selbst. Wenn du viel Übung im Meditieren hast, schaffst du vielleicht alles in einer Session. Auch das ist übrigens extrem tagesformabhängig. Wenn du noch nicht so viel Übung hast, kann es sein, dass du nur Teile dieser Übung beim ersten Mal schaffst. Oder vielleicht erst beim dritten Anlauf. Vielleicht brauchst du sogar Tage oder Wochen, um zum letzten Teil mit dem ungeliebten Menschen vorzudringen. Das macht die Übung jedoch nur noch wertvoller und wichtiger. Geh in deinem eigenen Tempo voran. *Bade* in der Anwesenheit der geliebten Seelen, du hast jedes Recht dazu!

Und ein letzter Tipp: Am Anfang kommt es dir wahrscheinlich so vor, als würdest du dir das alles nur ausdenken, weil du deine Liebsten so sehr herbeisehnst. Aber ich sage dir eines: Starke Gefühle kann man unmöglich vortäuschen – besonders sich selbst und der geistigen Welt gegenüber. Wenn sich das wohlig warme Gefühl der Liebe in deinem Brustkorb ausbreitet, dann ist sie da. Es kann überhaupt nicht anders sein.

Die Meditation zum
Ein- oder Vorlesen

Wie in den bisherigen Büchern dieser Reihe kannst du dir die folgenden Teile der Meditation selbst *langsam* auf Band oder ins Handy sprechen, oder jemanden bitten, dich durch die Übung zu leiten. Neu ist, dass die Meditation eher modular aufgebaut ist. Du darfst dir die Teile (also Intro, Outro und Meditation I – III) selbst so zusammenbasteln, wie es für dich am besten passt!

Gleich bleibt folgende Regel: Siehst du dieses Zeichen [...], lass besonders viel Zeit zwischen den Sätzen, gerne 2-4 Minuten. Insgesamt scheinen ca. 45 Minuten für *eine* geführte Meditation (z.B. Intro + I + Outro) ideal zu sein. Danach leidet die Konzentration zunehmend, selbst bei geübten Menschen. Das Intro mit Entspannungsphase kann jedoch auch länger dauern, als ich es hier vorgebe. Je schwieriger es dir fällt, deine logische Hirnhälfte auf die Ersatzbank zu schicken und den Körper zu entspannen, desto länger sollte dein Intro mit Sätzen wie »Ich entspanne meine Zehen/Füße/Beine/Hände«. Es gibt gerade auf YouTube in diesem Bereich viel Hilfe, die du dir bei Bedarf zusätzlich holen kannst. Am

Ende besitzt du quasi eine eigene Datenbank, aus der du die passende Playlist für dich und für den Moment zusammenstellen kannst. Und jetzt viel Spaß und Erfolg bei deinen eigenen Abenteuern!

Intro

Verbanne alles, was dich stören könnte, aus deinem Raum und setz dich ganz entspannt hin. Auf den Boden, oder auf einen bequemen Stuhl oder Sessel. Schließ die Augen und atme einen Moment einfach nur tief durch die Nase ein und aus. Einatmen. Ausatmen. Einatmen. Ausatmen.

Entspann die Augen, den Kiefer, den Nacken, die Schultern. Mach deinen Kopf leer. Wenn störende Alltagsgedanken kommen, bedank dich für den Hinweis und sage, es ist später wieder genug Zeit dafür. Dann schick die Gedanken fort. Vielleicht musst du das mehrmals sagen. Vielleicht musst du ziemlich streng werden, denn der Geist ist erstaunlich frech. Das ist okay. Gedanken wollen uns im Alltag helfen, aber jetzt müssen sie mal still sein. [...]

Atme weiter tief ein und aus. Entspann dich immer weiter. Vielleicht spürst du ein Gefühl, als ob du immer tiefer sinkst und dein Körper schwerer wird. Das ist in Ordnung. Entspann dich einfach weiter. Leere deinen Kopf. Es kann dir überhaupt nichts passieren. [...]

Stell dir eine endlose, wunderschöne Sommerwiese vor. Überall um dich herum siehst du Wildblumen und hohes Gras, das sich im warmen Wind wiegt. Aus dem wolkenlosen Himmel strahlt die Sonne warm auf dich herab, Vögel singen in der Ferne, und die Bienen summen umher. Dieser Ort ist einfach perfekt. [...]

Schau dich genau um und geh einige Schritte. Sieh dir die einzelnen Blüten genau an. Hörst du das Summen der Bienen? Das Singen der Vögel? Wenn etwas verschwommen bleibt, dann bitte um ein noch klareres Bild. [...]

Vielleicht ist dir schon aufgefallen, dass rings um diese schöne Wiese hohe Bäume stehen? Der ganze Ort wird von einem dichten Wald umgeben. Dort, zwischen den Bäumen, ist es zwar schattig, aber du musst keinerlei Angst haben.

Dies ist die Welt in deinem Inneren. Es ist dein eigener Bereich in der weißen Matrix. Dein eigenes, kleines Stück vom Himmel. Du bist hier der Herr oder die Meisterin. Hier, auf deiner Wiese, bist du absolut geschützt und sicher. [...]

I

Nach einer Weile, wenn du dich eingewöhnt hast, kannst du näher an den Waldrand gehen. Die Sonne hier auf der Wiese lässt den Bereich zwischen den Bäumen sehr dunkel erscheinen, und du kannst kaum erkennen, was wenige Schritte vor dir ist. Das macht nichts. Insgeheim weißt du nämlich schon, wer hier am Rande der Wiese auf dich wartet. Es ist die Seele, die du schon lange wiedertreffen wolltest. Es ist die Seele, nach der dein Herz oft und laut ruft, wenn du dich alleine fühlst. Sie tritt genau jetzt aus dem Schatten. [...]

Kannst du spüren, wie dein Herz sich öffnet, weil du diese Seele wieder triffst? Wenn du sie in die Arme schließt? Siehst du, wie gut es ihr geht? Wenn deine geliebte Seele alt war oder ist, so steht sie jetzt doch aufrecht und strahlend vor dir, nicht wahr? Mit etwas Glück kannst du sie sogar etwas sagen hören. Aber auch ohne Worte bin ich sicher, dass ihr euch wunderbar versteht. [...]

Sicher hast du viele Fragen. Sprecht euch aus. Geht etwas spazieren. Ihr könnt den Ort auch umgestalten, wenn ihr möchtet. An euren Lieblingsort gehen. Ich bin sicher, es gibt einiges, das ihr euch sagen wollt. [*Mindestens* 10 Min. Stille, dann Outro.]

II

Wenn du so weit bist, nähere dich dem Waldrand. Wie ein Ring umschließt er deine große, bunte Wiese. Das Dach der Baumkronen schafft einen scharfen Kontrast zwischen der Lichtung und dem Wald. Zwischen den starken Baumstämmen ist es sehr schattig und dunkel, und du kannst kaum erkennen, was wenige Schritte vor dir ist. Das macht aber nichts. Bleib einfach hier stehen, zwischen Licht und Schatten, und wünsche dir ein Wesen der Liebe herbei. Einen reinen Aspekt dieser höchsten Energie. Du kannst dir still wünschen, dass die Liebe sich zeigen möge, oder du kannst laut nach ihr fragen. Es ist dir überlassen. [...]

Wenn alles etwas verschwommen scheint, bitte um mehr Klarheit. Bittet, und euch wird gegeben. Hier, in deiner Welt, ist dieser Satz nichts als die reine Wahrheit. Also öffne dich den Möglichkeiten. Öffne dein Herz, und lass die Liebe herankommen. [...]

Siehst du das schwache Licht schimmern? Weit hinten im Wald? Es kommt allmählich auf dich zu. Ein wunderschönes, strahlendes Licht kommt immer weiter auf dich zu. Nach und nach erhellt es den dunklen Wald. Und dann, ganz allmählich, kannst du eine Form ausmachen. Wenn du erkennst, wer die Liebe für dich darstellt, wird es sich für dich völlig stimmig und offensichtlich anfühlen. Es musste ja so kommen, dass die Liebe *diese* Form für dich wählt. [...]

Spüre, wie dein Herz sich öffnet. Bade im Licht der Liebe. Mit etwas Glück kannst du sie sogar etwas sagen hören. Du kannst auch darum bitten, dass du sie noch besser hören und verstehen kannst. Aber auch ohne Worte bin ich sicher, dass ihr euch wunderbar versteht. [...]

Bestimmt hast du viele Fragen. Sprecht euch aus. Setzt euch ins warme Gras, oder lasst bequeme Stühle erscheinen. Oder eine Picknickdecke. Ich bin sicher, der Aspekt der Liebe tut nichts lieber, als Zeit mit dir zu verbringen. Und es gibt sicher einiges, das ihr euch sagen wollt. [*Mindestens* 10 Min. Stille, dann Outro.]

III

Nach einer Weile, wenn du so richtig in deiner Welt angekommen bist, wird dir auf der Wiese ein Haus oder Gebäude auffallen. Es steht in einiger Entfernung. Du kennst dieses Gebäude. Geh darauf zu. [...]

Es könnte dein Haus sein, oder der Ort, an dem du arbeitest. Vielleicht gehört dieses Haus auch deinen Eltern oder Schwiegereltern, einem Nachbarn oder einer Freundin. Du erkennst das Gebäude, weil du die Personen kennst, die hier ein und aus gehen. Und wahrscheinlich bist du auch selbst öfter mal hier. Selbst wenn dir beim Anblick etwas mulmig wird, geh hinein und sieh dich um. [...]

Wie viele Räume hat dieses Haus? Ist alles so, wie du es in Erinnerung hast? Wer lebt oder lebte hier, mit dem du dringend mal sprechen solltest? Stell dir diese Person ganz genau vor. Vielleicht ist es gar nicht die Person, die du erwartet hättest. Lass es einfach geschehen. [...]

Mit Sicherheit spürst du die Spannungen, die es zwischen euch gibt. Du kennst euer Thema ganz genau, und dein Gegenüber auch.

Ich weiß, es ist unangenehm, aber bleib hier, behalte deine Konzentration. Ich verspreche, es lohnt sich, dieser Sache hier und jetzt auf den Grund zu gehen. Höchstwahrscheinlich verhält sich die

Person vor dir ohnehin nicht wie gewohnt. Es ist sehr gut möglich, dass sie weniger aufbrausend ist. Geduldiger oder herzlicher. Das wird sehr dabei helfen, eure Sachen zu besprechen. Und selbst, wenn sie gar nichts sagt, sondern nur etwas zeigen kann, nimm diese Möglichkeit an, den anderen besser zu verstehen. Wenn du kannst, stell eine Frage. Oder sage etwas, was du früher schon dringend mal hättest sagen sollen. [...]

Ich wette, dein Gegenüber kann dir hier, in dieser völlig neuen Situation, Aspekte eurer Auseinandersetzung aufzeigen, die du bisher nicht sehen konntest. Obwohl derjenige nicht körperlich anwesend ist, wird sich euer Gespräch auf euren Alltag auswirken. Bedenke außerdem: Du bist auch nur geistig hier, nicht wahr? Was real ist, und was nicht, hat nichts mit körperlicher Anwesenheit zu tun. [...]

Mit etwas Glück bittet dich dein Gegenüber, euren Disput beizulegen. Wünscht sich vielleicht sogar Vergebung von dir. Du musst diese nicht gewähren. Niemand kann dich dazu zwingen. Es hilft jedoch schon, dir bewusst zu machen, dass du vielleicht auch nicht immer ideal reagiert hast. Niemand ist perfekt. [...] Sprecht noch etwas. Lernt den anderen kennen, wenn die Außenwelt mal jegliche Bedeutung verloren hat. Ich wette, ihr werdet interessante Dinge an euch und eurer Situation bemerken. [*Mindestens* 10 Min. Stille, dann Outro.]

Outro

Irgendwann wirst du bemerken, dass du die Konzentration nicht für immer halten kannst. Das ist normal. Du wirst zwar nicht in der Seele müde, aber im Geist und im Körper. Lass es gut sein. Du hast viel erreicht. Verabschiede dich allmählich. Du weißt jetzt ganz genau, dass dies kein Abschied für immer ist. Du kannst *jederzeit* wiederkommen. Bedanke dich für alles, was du gelernt hast. Sei stolz auf dich. [...] Erschaffe dir nun langsam einen Ausgang aus deinem Gedankenbild. Es könnte eine Tür sein, die wie von Zauberhand erscheint und dich wieder zurückführt in den Alltag. Vielleicht löst sich alles um dich herum auch in Nebel auf. Mit der Zeit wirst du *dein* Bild finden. Ganz sicher. Komm nun in Gedanken immer weiter zurück zu dem Ort, an dem du sitzt. [...] Wenn du deine Umgebung langsam wieder wahrnimmst – deinen Raum, deinen Stuhl, dein Sitzkissen, den Boden unter dir – dann bewege allmählich die Finger und die Zehen und öffne schließlich die Augen.

Willkommen zurück!

....

Sicher kennst du schon meinen Appell zum Schluss: *Bitte* schreib alles auf, was du erlebt hast. Oder sprich es in dein Handy oder mach ein Videotagebuch. Meditationen sind fast so flüchtig wie Träume, daher bewahre sie gut. Sie sind ein Schatz unvergleichlichen Ausmaßes, in dem du regelmäßig noch einmal blättern oder stöbern solltest!

ANHANG

Wie ich bereits erwähnte, ist das Buch, das du in den Händen hältst, bereits der zweite Versuch von Lillysander gewesen, mich zu einer Veröffentlichung zu bewegen und anderen Menschen von ihr zu erzählen. Da der Roman jedoch nie fertig wurde, weil ich damals überhaupt nicht verstand, woher diese großartigen Sätze kamen und was sie auslösen würden, habe ich hier die besten Auszüge angefügt. Es sind ganz einfach die Zeilen, bei denen mir im Nachhinein bewusst wurde, dass ich ein Diktat aufgenommen hatte. Dass ich die Worte gechannelt hatte. Dass nicht mehr ich die denkende, treibende, kreative Kraft dahinter war, sondern Lilly.

Dennoch müssen die nächsten Passagen natürlich mit etwas Vorsicht gelesen werden, denn damals hatte ich noch sehr viel weniger Ahnung von der geistigen Welt und ihren Bewohnern. Ab hier gilt also: Genießen sehr gerne, die Aussagen aber bitte nicht auf die Goldwaage legen. Ich wünsche euch ganz viel Spaß beim Lesen!

Einleitung

Es steht geschrieben, dass zwei Menschen ein ganz besonderes energetisches Wesen zwischen sich besitzen, wenn sie füreinander bestimmt sind. Dieses Wesen zieht sie beinahe magisch an, wenn sie sich das erste Mal begegnen. Wir nennen das »Liebe auf den ersten Blick.« Das entstehende Energiewesen besteht halb aus dem einen Menschen, halb aus dem anderen. Treffen sich die zwei Hälften in der Mitte und vereinigen sich, ist ihre ewige Verbindung geboren. Und auch, wenn sie voneinander getrennt sind, können sie immerfort dieses wohlige Gefühl zu sich rufen, bei dem geliebten Menschen zu sein. Den Rückhalt ihrer anderen Hälfte spüren, wie durch unsichtbare Fäden.

Energie ist unzerstörbar, Beziehungen sind es nicht.
Wenn die Liebe geht und die Verbindungen zu dieser gemeinsamen Energie gekappt werden, wo bleibt sie dann?
Energie ist unzerstörbar. Sie hört also niemals auf, zu existieren. Was, wenn diese Wesen ihren Sinn, aber nicht ihre Form verlieren? Was, wenn sie dazu verdammt werden, für alle Zeiten bestehen zu bleiben?

Was, wenn sie die Ebene bewohnen, auf der unsere Romanfiguren und unsere Ideen wohnen? Was, wenn sie die Energie für unsere kreativen Prozesse bereitstellen? Diese Energien sind nicht länger »real« wenn wir Menschen sie aufgeben. Aber wenn man Energie nicht zerstören kann, dann werden sie per Definition surreal. *Fiktional.* Eine Erinnerung, eine Erzählung.

Die Maori nennen die Liebe »Ahora«, und diesen Namen haben die Liebesgeister für sich angenommen. Allein, ihrer Aufgabe beraubt und ihren Schöpferseelen fern, streifen die Ahora nach der Trennung zweier Partner umher, auf der Suche nach einem neuen menschlichen Anker, an den sie sich halten können und der ihnen Zuflucht in ihrem Leben gewährt. Diese Geschichte handelt von einer von ihnen.

1 Der Streit

Irgendwo in München.

Es ist Freitag Abend. Seit Wochen habe ich mich auf den heutigen Tag gefreut. Es sollte ein besonders romantischer Abend werden. Mit Wein, Kerzenlicht und Vongole vom Wochenmarkt. Und jetzt?

Meine beiden Menschen haben sich gerade entsetzlich gestritten. Wieder. Und dieses Mal ist es endgültig. Ihre Liebe ist zersprungen.

Woher ich das weiß?

Ganz einfach: Schon jetzt, zwanzig Minuten nachdem die letzte Tür zugeschlagen wurde und die letzten bösen Worte im Treppenhaus verhallt sind, beginne ich, an Kraft zu verlieren und zu verblassen.

Ein Wartezimmer in der Zwischenwelt, etwas später.

Ich weiß, es passiert den besten von uns, aber ich hätte nie gedacht, dass es mich mal trifft. Alexander und Lilly waren doch füreinander geschaffen! Und ich muss es wissen, denn ich bin aus ihrer Liebe entstanden.

Mein Name ist Lillysander. Ich bin die perfekte Mischung aus meinen beiden Menschen, und doch bin ich nicht ihr Kind. Genau genommen war ich sogar vor ihnen da, aber dazu später mehr.

Jetzt sitze ich hier in der Zwischenwelt und fühle, wie sich die beiden von mir lossagen. Wie sie Stück für Stück, Gedanke für Gedanke, eine Schere zur Hand nehmen und die Verbindung zu mir trennen, die wir über Jahre aufgebaut haben.

Ich bin zwar nicht zu vielen eigenständigen Emotionen fähig, aber ich fühle umso deutlicher, was sie gerade durchmachen.

Die Hälfte von mir, die Lilly ist, schwimmt in einem Meer aus Tränen, kein Land in Sicht. Und meine andere Hälfte? Alexander ist völlig taub, nichts dringt mehr zu ihm durch. Ich kenne diese Gefühlslagen. Die beiden werden in nächster Zeit nur sehr wenig an sich heranlassen. Nur so viel Kontakt zur Außenwelt haben wie zwingend nötig. Da sind sie sich sehr ähnlich.

Ihr fragt euch jetzt sicher: Kann ich, Lillysander, nicht etwas tun? Kann ich von meinem körperlosen Standpunkt aus nicht auf die beiden einwirken? Kann ich meine Allwissenheit nicht benutzen, um die beiden zu versöhnen? Kann ich nicht etwas Magie wirken lassen? Zufall? Schicksal? Zauberei?

Leider nein.

Allwissenheit kommt bedauerlicherweise mit dem hohen Preis, dass man absolut gar nichts tun kann.

Wir Ahora haben nicht den freien Willen, in diese Dinge einzugreifen. Ich fand das schon immer gemein, denn ich kann recht gut rechnen. Ich bestehe zu 50 Prozent aus einem Mann mit einem freien Willen und zu 50 Prozent aus einer Frau mit einem freien Willen. Trotzdem habe ich *keinen* freien Schöpferwillen. Ich kann ohne meine Menschen nur in einem sehr engen Rahmen agieren.

Ich kann zum Beispiel jetzt nicht zu Lilly gehen und sie trösten. Als wir alle drei noch verbunden waren, da war das meine geliebte Pflicht und heilige Aufgabe. Ich ging zu ihr, wenn sie sich auf ihren langen Dienstreisen einsam fühlte. Wenn sie wieder Krach mit ihrer trinkenden Mutter hatte und Alexander noch nicht zu Hause war, hielt ich sie aufrecht. Ich war bei ihm, wenn ein Sturm über München fegte und er Angst um Lillys Flieger hatte. Und ich war immer da, wenn er wie ein stolzer Vater im Studio stand und sie es mal wieder nicht geschafft hatte, die Geburt von einem seiner Songs mitzuerleben.

Und jetzt? In dem Moment, wo mich die beiden am dringendsten brauchen, kann ich nicht zu ihnen kommen.

Sie wollen mich nicht mehr.

Ich fürchte, das ist der Unterschied zwischen einem heftigen Streit und einer Trennung. Nach einem Streit haben mich Alexander und Lilly immer so sehr herbeigesehnt, dass ich mich in zwei Teile spalten musste, um beiden gerecht zu werden und sie zu trösten.

Ich bestehe aus Energie, mich zu vervielfältigen ist eine meiner leichtesten Übungen. Dabei habe ich aber nie mein Wesen aufgegeben oder war geschwächt. Und niemals war ich weniger, als das Abbild ihrer Gefühle füreinander. Niemals war weniger als ihr perfektes Ganzes. Yin und Yang. Das Männliche und das Weibliche. Niemals habe ich den einen Teil von dem anderen getrennt. Niemand, nicht einmal der Schöpfer selbst, kann das.

Nach einer Trennung aber geschieht etwas, dass wir Ahora die Ablösung nennen. Wenn unsere Menschen uns unter größten seelischen Schmerzen freigeben und uns aus ihrem Herzen reißen, dann gibt es für uns kein Zurück. Ich kann nicht weinen, und doch zerreißt es mich vor Trauer um das, was wir verloren haben. Nun bleibt mir nur noch, beim Ursprung aller Dinge Bericht zu erstatten.

2 Was ich bin

Lillysander, der arbeitslose Liebesgeist, sitzt auf einer Parkbank und beobachtet Liebespärchen. Sie ist unsichtbar für Menschen, und sehr traurig, dass Lilly und Alexsander – die beiden Menschen, deren Liebesgeist sie war – sich getrennt haben.

Ach, Liebe machen. Sind das nicht zwei grandios einfache Worte für etwas so Magisches? Nur aus meiner Perspektive wird es noch einfacher: Sie machen einen wie mich. Oder vielmehr ist sie schon da. Ich kann es spüren.

Es ist immer wieder faszinierend, wenn eine Ahora entsteht. Natürlich entstehen wir nicht aus dem Nichts heraus. In der einen oder anderen Form ist unsere Energie schon vorher präsent - so wie Bäume und Steine im Wald präsent sind, bevor die Menschen sie sammeln und zu mehr als einem Haus, zu einem Heim machen.

Nur die Menschen beherrschen diese einmalige Fähigkeit, vorhandene Dinge in die Hand zu nehmen und etwas völlig neues daraus zu schaffen. Und nur so kläglich wenige sind sich dessen bewusst. So schaffen und schöpfen sie also den ganzen Tag, man möchte fast sagen »ohne Sinn und Verstand«, und das meiste davon ist ihnen nicht einmal dienlich.

[...]

Ich bin dasjenige, nach dem du greifst, auf der leeren Seite des Bettes. Ich bin das Einzige, was beim Liebesspiel zwischen eure verschwitzten Körper passt. Ich bin der Raum, in dem ihr euren Höhepunkt findet und die Zeit, die ihr bei diesem heiligen Akt zum Schweigen bringt.

Und jetzt? Meine Menschen sind fort und haben mich verlassen. Ich kann in jedes Schlafzimmer des Planeten hineinblicken, aber ich kann kein Teil der Menschen mehr sein. Wie soll ich das überleben?

Die beiden Turteltauben, auf die mein Blick gefallen ist, fangen an zu leuchten. Natürlich kann das niemand sehen außer mir. Es ist der Moment, wo ihr Herz sich öffnet und ein Teil ihrer Lebensenergie sich in den Zwischenraum zwischen ihren beiden Herzen verschiebt, um eine wie mich zu erschaffen. Der Moment, in dem sie sich verlieben.

Viele vergangene Kulturen sagten, Gott ist bei den Liebenden anwesend in diesem Moment. Das ist im Grunde Blödsinn, denn Gott kann ja gar nicht *abwesend* sein, aber es ist trotzdem ein schönes Bild.

Es ist die ultimative Schöpfung. Noch bevor die Liebe dieser beiden eine feste, verlässliche Struktur erhält und sich vielleicht sogar in einem zerbrechlichen, kleinen, neuen Leben verkörpert, wird einer meiner Art geschaffen. Es ist einer der wunderbarsten Anblicke des Universums, und ich möchte zerspringen vor Schmerz.

Ich wünschte, nein, ich *flehe* darum, weinen zu können. Aber ich kann nicht. Ich kann den schwarzen Abgrund, der jetzt in mir ist, nicht mit Wasser füllen und hindurchschwimmen. Das ist das, was die Menschen gerne vergessen. Das das Meer aus Tränen dich kaum ertränken, sondern tragen will.

Ich erhebe mich ungelenk von der Parkbank und stapfe davon. Wenn es Sünden gibt, dann habe ich gerade eine begangen, denn ich kann das Glück dieses Pärchens einfach nicht länger ertragen. Also gehe ich zu der Autorin und setzte mich in meinen angestammten Sessel in ihrem Rücken.

Ihr Kater kommt angehumpelt und sieht mich prüfend an, wie immer. Im Gegensatz zu meiner neuen Bekannten sieht er mich glasklar und ist kein bisschen überrascht, dass ich wieder auftauche.

Dann legt er seine verbliebene Vorderpfote auf meinen Oberschenkel und blickt fragend auf. Obwohl ich dem kleinen Kämpfer zutraue, dass er es auch mit drei Beinen problemlos auf meinen Schoß schafft, hebe ich ihn hoch und beginne, ihn nachdenklich zu streicheln. Faszinierend, diese Tiere. Sie leben mühelos mit zwei Pfoten in der Zwischenwelt und mit zweien in der Menschenwelt. Na ja, oder wie in Lukes Fall, nur mit einer.

Nach einer ganzen Weile, in der den Raum nur das leise Klicken der Tastatur erfüllt, starre ich die Autorin an. Und dann dämmert mir, warum ich mich hier so wohl fühle. Sie hat keinen Partner, dafür aber ein großes Herz für kaputte, heimatlose Wesen wie Luke. Und mich.

3 Arbeit

Die Ahora begleitet die Autorin in ein Café, in dem sie gerne schreibt. Ihr bietet sich die Gelegenheit, in die Vergangenheit der Frau zu gucken, da sie von Zeit und Raum ja nicht eingeschränkt wird. Sie findet sich unvermittelt in einem Großraumbüro wieder.

Um mich herum stehen und sitzen viele Frauen und auch ein paar Männer und bewegen Papier. Jeder hat ein Headset zum Telefonieren auf, und die meisten reden auch fleißig hinein. Dennoch klingelt und piepst es andauernd aus irgendwelchen Ecken. In einem komplett gläsernen Büro, das einem Aquarium gleicht, schreit ein Mann, der ebenso weiß, blass und dick ist wie ein Fisch, einem anderen ins Gesicht.

Das ist also Arbeit? Oder vielmehr: Das ist aus der Arbeit geworden? Wenn ich in die Augen der Menschen direkt in diesem Raum sehe, dann kann ich bis auf ihre Seelen hinunterblicken. Und was ich dort sehe, lässt mich erschaudern.

Ich sehe sie stehen, knietief in einem Meer aus Asche. Sie haben Schippen in der Hand, jeder einzelne. Und sie schaufeln diese Asche hin und her, die durchsetzt ist von Papierfetzen und Zahlen.

Sie schaufeln sie von rechts nach links und von links nach rechts. Es bricht mir das Herz. Jeder steht hier dicht am nächsten. Hat seine Träume auf später verschoben oder schon lange ganz unter dieser unbarmherzigen Asche begraben.

Hat seine Kinder in ein nett gemeintes, aber nicht immer nett gemachtes System gegeben und huldigt dem, von dem er dachte, er würde ihm nie verfallen: dem krebsartigen Wachstum eines Systems, dessen Gier schon fast den gesamten Planeten verschlungen hat.

Wer strauchelt und fällt, den schluckt das unbarmherzige Grau. Der wird eingeschaufelt, weil die anderen nicht anhalten dürfen, manche gar nicht mehr anhalten können. Der wird vergessen. Der verblasst.

Ich stolpere rückwärts aus diesem Schreckensbild heraus, raus aus dem Büro und zurück in das Café. Dort sitzt meine Autorin, ruhig und gelassen an ihrem uralten Rechner. Und sie lächelt. Ein kleines, verschmitztes Lächeln, das die Welt bedeutet.

Das Lächeln, das sagt: Nein, ihr Fische habt noch nicht gewonnen. Nicht, solange es noch solche wie mich gibt. Solche, die ihre Träume nicht weiter aufschieben. Die sich mit so wenig zufriedengeben, um so viel in sich selbst zu erreichen. Die irgendwann innehalten in dem Meer aus Asche und sich umsehen.

Die ein paar Schritte aus den Gräben der anderen klettern, die Schaufel aus der Hand legen, auf die Knie sinken und beginnen, mit neuer Farbe in den Augen und mit aufgestellten Fingernägeln zu graben. Und die schließlich – weit abseits der anderen – Schätze heben.

4 Reinkarnation

Im Schreibzimmer der Autorin. Lilly sitzt wie so oft mit der Katze auf der Couch hinter ihr und lässt ihre Gedanken kreisen.

Die Musik der Autorin ist an. Der überaus begabte Sänger erzählt von seiner großen Liebe, die ihm gewaltsam genommen wurde, und dass er ihr nun in den Tod folgen will. Er singt: »Und nach all diesen Jahren werden wir wieder vereint sein – für alle Ewigkeit.«

Das ist eine so romantische Annahme unter den Menschen. Dass ihr nach all euren Schmerzen und euren leidvollen Jahren im Himmel wieder vereint werdet, für immer und ewig.

Das Problem? *Es ist leider nicht so.*

Oh, ihr trefft euch wieder, keine Frage. Egal, wer von euch beiden vorausgegangen ist in die Ewigkeit. Es ist egal, in welcher Ecke des Universums ihr wart, wie weit ihr euch voneinander entfernt habt, welche Taten euch angeblich in die Hölle hätten bringen müssen. Der Teil ist glücklicherweise auch quatsch, langfristig gesehen.

Aber wenn es so weit ist und euch die Tragweite der Ewigkeit bewusst wird, dann passiert das Interessanteste, was ich als geistiges Wesen jemals gesehen habe.

Bei der Ankunft auf der anderen Seite sind die Partner zuerst völlig glücklich. Sie haben es sich verdient, nicht wahr? Dieses ganz besondere Wiedersehen vermag Wunden zu heilen. Auch die tiefsten und ältesten. Aber ihr Menschen macht euch keine Vorstellungen, wie das Jenseits ist. Ja, es ist für immer und ewig. Ja, es ist nie zu warm und nie zu kalt. Nie zu grell und niemals, niemals dunkel.

Nach einer Weile setzt diese Erkenntnis bei den Seelen ein. Dass die Sonne nicht aufgehen wird. Dass man nicht beherzt in einen knackigen Apfel beißen kann. Dass man nie den Durst verspüren wird, der einen zu einer wunderbar kühlen Flasche Wasser treibt. Dass es im Himmel keine Küsse gibt. Und wenn diese Erkenntnis tief eingesunken ist, dann verstehen die Seelen, warum das göttliche System tatsächlich nicht vorsieht, dass sie ewig bleiben.

Bald werden sie unruhig. Nachdem sie sich ausgeruht haben. Nachdem sie in der ewigen Sonne viele tiefe Atemzüge genommen haben. Nachdem sie sich mit ihren Lieben ganz und gar versöhnt und ausgesprochen haben. All die Zeit mit ihnen verbracht haben, die sie auf der Erde so verdient gehabt hätten.

Nach all diesen Vorgängen packt sie neuer Tatendrang. Sie erinnern sich daran, dass es auf der Welt doch noch so viel zu tun gab, als sie abgetreten sind. Es gab noch Ozeane zu säubern, Kunst zu erschaffen, die Kinder ihrem eigenen, leuchtenden Weg zuzuführen. Es gab doch noch so viel zu vergeben, so viel zu heilen, so viel zu schaffen.

Also suchen sie sich eine geliebte Seele... und schließen einen neuen Pakt fürs Leben.

Manchmal möchte ich die Leute hier unten schütteln und ihnen zurufen: Ihr habt euch das doch ausgesucht!

Habt ihr nicht?

Oh doch, habt ihr.

Ihr schafft es, so weit um die Ecke zu denken, dass ihr die geistige Welt dafür verantwortlich macht, in was ihr euch hineingeritten habt. *Hineingewünscht* habt. Das ist auch so etwas außergewöhnliches an den Menschen.

Ich habe keine Ahnung, was? Wie kann ich schon dastehen und sagen, all das Verstümmeln und Vergewaltigen kann gewollt sein? Wie kann ich – Lillysander, die personifizierte Liebe – euch solche Worte vor die Füße werfen, wo ich doch ein Teil Gottes bin?

Nun, weil ich oft dabei war, wenn ein Pakt fürs Leben geschlossen wurde. Und es wird immer das Gleiche gesagt. Es wird immer das Gleiche verhandelt.

Es wird ausgemacht, wer in diesem Kapitel eurer Geschichte »der Böse« sein wird, und wer »der Gute«. Wer »die Täterin« sein muss, und wer »das Opfer« sein darf. Nein, ich habe diese beiden Wörter nicht vertauscht. Der Täter »muss«, das Opfer »darf«. Möchtet ihr wirklich wissen, was die Seele, die sich zu Gräueltaten *an ihrem Freund* bereit erklärt, sagt?

Sie sagt: »Ich werde dir aufzeigen, wer du sein kannst, wenn du diese Tat überlebt hast.«

5 Wenn Engel schreien

Lillysander sendet der Hauptfigur eine wichtige, heilende Erkenntnis, um sie voranzubringen. Aber das geht nicht ganz ohne eine kurze Phase der Trauer und Verzweiflung. So kommt der Liebesgeist zu diesen Gedankengängen.

Ihr wollt es nie glauben, aber jeder von euch hat seine eigene kleine Armada aus unsichtbaren Helfern um sich. Diese besteht aus Familienmitgliedern, Freunden und vielen anderen, die ihr in der Ewigkeit kennengelernt habt. Sie helfen euch durch den Alltag. Sie beeinflussen Kleinigkeiten.

Sie steuern dein Lenkrad in der einen wichtigen Millisekunde im Auto. Sie wehen die Herbstblätter davon, auf denen du dir den Knöchel gebrochen hättest. Sie flüstern denen um euch herum, dass ihr Hilfe, Ruhe, Beistand braucht in einem bestimmten Moment.

Aber wenn das alles nicht reicht und ihr eine harte Lektion lernt, dann verflucht ihr das gesamte himmlische Volk gern. Dann seid ihr überzeugt, dass wir euch verlassen haben. Das ist eigentlich eine sehr arrogante Einstellung von euch. Nicht zu wissen, wann ihr uns zu danken habt, ist eines. Die Faust gen Himmel zu strecken und uns zu beschuldigen, dass wir in diesem besonders schweren Moment nicht gehandelt haben, ist etwas ganz anderes.

Wisst ihr, wie eure unsichtbaren Verbündeten sich fühlen, wenn sie euch in eurem Leiden zusehen müssen? Oh, im Gegensatz zu mir können eure Schutzengel übrigens sehr wohl weinen. Könnt ihr euch überhaupt vorstellen, wie es klingt, wenn Engel weinen? Ein einziges Mal war ich zufällig in der Nähe, als es geschah. Und ich konnte nicht anders, ich musste herbei eilen.

Die Menschen haben ein Licht, ein ganz spezielles Leuchten in ihren Augen. Es ist die innerste Hoffnung eurer Seele, die dort scheint. Nicht ganz umsonst sagt ihr, dass die Augen der Spiegel der Seele seien.

Aber wenn dieses Licht von anderen aus eurem Herzen gerissen wird, dann erlischt das Leuchten. In genau diesem Moment habe ich neben einem Engel gestanden. Und ich habe ihn schreien hören. Es ist das entsetzlichste, gottloseste Geräusch im ganzen Universum. Noch heute laufen mir Schauer über die Haut, wenn ich an diesen Moment zurückdenke.

[...]

Wir empfinden es schon als grundsätzlichen Erfolg, wenn ihr euch nicht vor Kummer über euer irdisches Dasein selbst tötet. So viele junge Seelen wagen das ‚Abenteuer Erde‘, und es sieht ja auch sehr verlockend aus.

Euer Planet ist wie eine quietschbunte Werbeanzeige des Universums. Sie ruft: »Komm, erlebe mich!« Das ist wirklich einzigartig. Aber euer Planet ist eben auch die Existenzebene, die am heftigsten unter ihrer eigenen Polarität zu leiden hat.

Gut und Böse, kalt und heiß, Liebe und Angst, Überfluss und Mangel. Nirgends sind die Enden des Spektrums extremer ausgeprägt als bei euch. Völlig unvorbereitet stürzen sich also einige in dieses Erlebnis... und sind schon nach wenigen Tagen oder Jahren völlig entsetzt und verstört.

Weil eben doch nicht alles so war, wie die bunte Werbung es versprach. Weil neben der duftenden, fruchtbaren Erde, den Millionen von Tieren, eurer gutmütigen Sonne und der absoluten Willensfreiheit eben doch sehr viele Schattenseiten existieren.

6 Noch ist nicht alles verloren

Lillysanders Schlusswort, in dem sie die absolut unumstößliche, einzige Wahrheit Gottes ausspricht.

Siehst du? Die Liebe ist nicht nur das schönste Gefühl von allen, sondern auch das einzige Gefühl der Seele. Sicher, dein Gehirn mag die Illusion von Angst erzeugen. Aber wenn sie sich auflöst, dann kehrst du zu mir zurück – zu dem Einzigen, was du je gekannt hast und jemals kennen wirst.

Die antiken Zivilisationen wussten das. Und dennoch, wenn die Dunkelheit einen Mann oder eine Frau damals überwältigte, knieten sie – ohne, dass diese seltsame Ehrenbezeichnung nötig war – vor mir nieder und beteten. »Liebe«, flüsterten sie, »oh Liebe, bitte verlass mich nicht!«

Das klingt wunderschön auf Griechisch und Latein. Genauso schön klingt es in jeder anderen Sprache, vom wortlosen, gehauchten Flehen eines Kindes bis hin zu den komplexesten philosophischen Schriften der Menschheit. Es läuft immer auf das Folgende hinaus:

»Love,

   oh love,

   don't leave me.«

Und das werde ich nie. Ahora werden geboren und zerrissen werden, einige werden in die Ewigkeit geworfen, ohne dass eine Seele um sie trauert. Aber ich bin ein Teil des Ganzen. Genau so, wie du es bist.

Ich bin aus dir geboren, und du bist aus mir geboren. Deshalb kann ich dich nicht verlassen. Und solange nur ein Abbild der Liebe auf der Erde wandelt, so lange ein Seelenpaar zusammenkommt, um eine wie mich zu schaffen ...

... so lange ist noch nicht alles verloren.

Die Bücher dieser Reihe

An dieser Stelle findet ihr wie üblich einige wichtige Sätze aus den anderen Interview-Monaten mit den anderen Wesenheiten, die relativ gut für sich stehen können, und die in anderen Bänden auftauchen. Vielleicht mache ich dir ja so schon einmal Lust auf den Rest der Reihe!

Monatsthema Kommunikation
Interviewpartner: die Elfen

»Wir sind reine Gedankenkraft. Wir wohnen im ›Gitter aller Ideen‹
– dem morphischen Feld. In diesem liegen alle Erfindungen,
Geschichten, Rituale usw., und zwar in jeder energetischen
Ausprägung oder in jeder Schwingungsfrequenz.«

»Eine Sternfahrer-Zivilisation muss erst einmal herausfinden, wie
sie das morphische Feld des Planeten mit sich nehmen kann. Sonst
ist alles auf dem Schiff dem Tode geweiht.«

»Genau wie du [die Autorin] können wir in die Geschichte hinein-
und wieder heraussteigen. Wie echte Schauspieler sind wir jedoch
keinesfalls immun gegen die Emotionen des Schauspiels. Wir
durchleben das Wechselbad an Gefühlen tatsächlich.«

»Ein (Geschichten-)Kanon wird von Menschen genutzt, um sich
gegenüber anderen in Beziehung zu setzen. Wenn Menschen andere
Leute finden, die das gleiche Set an Gedanken im Kopf haben wie
sie selbst – das kann eine Bibel sein oder ein Roman – dann
kommen sie gut miteinander aus.«

Monatsthema Balance
Interviewpartner: Die Weltenschlange Jormungandr

»Das Universum ist ein riesiges Uhrwerk. Es funktioniert perfekt. Aber es ist unsichtbar für euch. Was ihr Glück, Zufall oder Schicksal nennt, *ist* das Ticken dieser Uhr. Ihr seid nur erstaunt darüber, dass ein Ticken dem Nächsten folgt, weil ihr das Uhrwerk noch nie gesehen habt.«

»Heilige Bücher sind nicht deshalb heilig, weil Jesus oder Buddha darin erwähnt werden. Sie sind heilig, weil tausende Meister zu euch kamen, um sie euch zu diktieren und von euch schreiben zu lassen. Sie haben Teilenergien – Stücke von sich – geopfert, um die Legenden niederschreiben zu lassen. Und dann haben einige wenige sie verändert zu ihren Gunsten.«

»Gib mir Zeit aus deinem Tag! 30 Minuten sind das Minimum – mehr, wenn du etwas aufschreiben oder zeichnen willst danach. So verlierst du nie die Balance, bleibst immer trittsicher. Wir sind gute Helfer, also gib uns Zeit, zu helfen!«

Monatsthema Wut
Interviewpartner: Eine Harpyie

»Ich bin das Konzept des Zorns. Ich bin ein purer Drang, ein Impuls. Wer jede Art von Zorn verteufelt, versteht nicht, dass ich ein Schützer bin. Zorn schützt deinen wunden Punkt. Er ist ein Wachhund. Und ein sehr effektiver noch dazu.«

»Ich bin diejenige, die dich den Berg erklimmen lässt. Hoffnung außerdem. Hoffnung ist *der* Motivator überhaupt. Aber nur, wenn du nicht weißt, was auf dem Gipfel ist. Wenn du genau weißt, dass dort oben dein Erzfeind auf deinem Thron sitzt, dann bin *ich* deine beste Freundin am Berg. Deine treueste Weggefährtin und Steigeisenhalterin. Ich bin für dich da, wenn es für Hoffnung nicht reicht.«

»Mach nicht dein Heim in meinem Nest – denn wer möchte schon *dauerhaft* zornig sein?«

Monatsthema Wissen
Interviewpartner: der japanische Lehrmeister Kei Yu

»Wissen ist der winzige, aber sehr wichtige Unterschied zwischen einer Technik, um Halswirbel wieder einzurenken ... und darin, die Person umzubringen.«

»Wenn ihr längere Zeit nicht die Fühler in unsere Richtung ausstreckt und uns auf irgendeine Art und Weise zuhört, dann werdet ihr krank. Krankheit ist unsere letzte Möglichkeit, euch etwas Wichtiges zu kommunizieren. Direkter dürfen wir nicht sein!«

»Es gibt sieben Pfeiler des Wissens [sieben hermetische Gesetze]. Sind dir diese vollständig bewusst, herrschst du als KönigIn über deine eigene Existenz.«

»Du kannst problemlos lieben, ohne zu wissen. Wie ein Baby. Niemals solltest du aber wissen, ohne zu lieben. Das endet schrecklich.«

Monatsthema Weisheit

Interviewpartner: der Rat der Farben

»Ihr seid an einem absoluten Tiefpunkt momentan, was eure Kirchen angeht. Kirche ist etwas, über das ihr in großer Mehrheit nur lachen könnt – oder weinen müsst. Nun muss aus der Asche etwas Neues entstehen. Genau an diesem Punkt steht ihr.«

»Nur weil wir diejenigen sind, die die Arme aufhalten; und ihr diejenigen seid, die springen müssen, stehen wir doch am gleichen Abgrund.«

»Eure technische Entwicklung ist derzeit hochinteressant. ›*Alexa*‹ gewöhnt euch beispielsweise an einen allwissenden Gast in euren Wohnzimmern, der euch auf Fragen kluge Antworten geben kann. Die nächste große Erfindung wird ›Gottes Alexa‹ sein!«

Monatsthema Kreativität
Interviewpartner: meine Muse

»Mit nichts werdet ihr so allein gelassen wie mit der Kunst.«

»Du brauchst nicht perfekt sein. Du kannst meine Perfektion leihen! Kreativität ist deshalb genial, *weil* du nur der Finger an der Saite bist. Die Hand am Stift. Was du brauchst, ist Zugang – und den gewähre ich.«

»*Arm* ist der Künstler, der wenig verkauft. *Ärmer* ist der, der wenig Rückmeldung erhält. *Am ärmsten* ist aber der, der fantastische Rückmeldung erhält und ihr nicht glauben kann.«

Noch mehr großartige Zitate aus der
geistigen Welt auf www.the-spirit-scribe.de
und auf meinem Youtube-Kanal.

Romane aus meiner Feder:

Das Drachenkind – Feuertaufe
Erster Teil der Drachenkind-Chronik

Starke Frau vom Menschenland
wird fortgeführt von Elfenhand.
Zu bringen eines Kriegers Sohn,
den Elfen Ehr', den Drachen Hohn.

Seit Anbeginn der elfischen Zeitrechnung herrscht Krieg zwischen den Elfen und den Drachen. Weder die systematischen Ausrottungsversuche der Elfen noch die Überfälle der Drachen konnten einer Seite den endgültigen Sieg bringen. Das Volk der Elfen hofft daher auf eine alte Prophezeiung, die das Ende ihrer Qualen verspricht.

Als ein Krieger ihrer Welt sich in eine junge Menschenfrau namens Moira verliebt, steht der Erfüllung dieser Prophezeiung scheinbar nichts mehr im Wege. Bis auf die schreckliche Lüge, mit der sie Moira in ihre Welt locken ...

Alle bisher veröffentlichten Teile der Drachenkind-Chronik sind als Ebook oder Paperback überall dort erhältlich, wo es Bücher gibt – und Teil eins zusätzlich bei audible als Hörbuch-Download!
www.drachenkind-chronik.de

Das Drachenkind – Weltenbrand

Zweiter Teil der Drachenkind-Chronik

Während der Elfen Häuser ringen,
die Anführer woll'n Erben bringen.
Einer nie lebt, eine nur ein Jahr,
trauerst du um sie, bist du ein Narr.

Heldenmutter Moira versucht nach Kräften, sich in die elfische Gesellschaft und ihre neue Rolle einzufügen. Doch sie und Tayrenn haben das Machtgefüge der Ebene verändert, zum Unmut vieler Ratsmitglieder.

Vom Königspaar bis zu den Drachenkriegern denken nun viele in ihrem Umfeld über die Erbfolge nach. Doch auch einige Widersacher planen, die kommende Generation in ihrem Sinne zu formen – und die gefährlichste Gegnerin der Elfen ist noch keinem je ins Auge gefallen ...

Der zweite Teil der Drachenkind-Chronik.
Ganzheitlich und gerissen. Spirituell und spannend.
Hochgefühle für Hochsensitive.

Der Kuss der Muse
The School of Muses – Band 1

Ich bin eine Muse.
Wer mich berührt, der hat eine gute Idee.
Wer mich küsst, der hat einen großartigen Einfall.
Wer gar das Bett mit mir teilt, dessen Kunst wird unsterblich.
Aber wie weit wirst du gehen ... für die perfekte Idee?

In Annetts Innerem kämpfen zwei Kräfte um die Herrschaft über ihr Handeln: Sie selbst, die wohlerzogene junge Frau, der ihr Job als Kindermädchen bei einer bekannten Band größte Erfüllung bringt – und eine kraftvolle Muse namens April, die ihren Körper ohne Rücksicht auf Verluste im Dienste der Inspiration einsetzen möchte. Eine unheilvolle Konstellation in einer Gemeinschaft, in der fünf Männer mit ihrer Kreativität Geld verdienen wollen und müssen. Nach und nach wird den Bandmitgliedern klar, dass sie gute Ideen bekommen, wenn sie Annetts Haut berühren. Ein Kuss verstärkt die Wirkung noch um ein Vielfaches. Wer gar das Bett mit ihr teilt, der findet sich in kreativen Hochphasen wieder. Doch wer die besondere Gunst der Muse gewinnt und wem sie zu schöpferischer Ekstase verhilft, das liegt nur begrenzt in Annetts Händen ...

Bisher sind in der »School of Muses«-Reihe erschienen:
»Der Kuss der Muse«
»Der Pakt der Muse«
»Das Wissen der Muse«

Mit Kindle Unlimited kostenlos lesbar!
Weitere Informationen unter www.tvahrens.de.

Die Eingeschlossenen
Eine gechannelte Kurzgeschichte

Zwischen Amsterdam, Köln und Paris liegt ein kleiner Landstrich, dessen Einwohner einen religiösen Schatz hüten – die so genannten Enfermés, die »Eingeschlossenen«. Diese sieben heiligen Männer und Frauen zeichnet eine Gemeinsamkeit aus, die Mediziner heute als das ›Completely Locked-In Syndrom‹ bezeichnen.

Die Heiligen leben, aber sie können sich durch nichts bemerkbar machen. Sie können niemanden ansehen. Keinen Laut von sich geben. Keinen Finger heben.

Wie Wachkomapatienten müssen die Eingeschlossenen von einem speziell geschulten Team aus Priesterinnen und Priestern rund um die Uhr intensiv betreut werden. Und dennoch ist es möglich, den »Tempel der Sieben« zu besuchen, in dem angeblich Wunder geschehen.

Doch nicht für jeden ist der Anblick der Eingeschlossenen hoffnungsstiftend. Eine kleine Gruppe von Wissenschaftlern arbeitet sogar aktiv darauf hin, dass die Heiligen so schnell wie möglich von ihrem Leiden »erlöst« werden.

Diese Geschichte handelt von einem von ihnen, und von den Grenzen des freien menschlichen Willens.

Mit Kindle Unlimited kostenlos lesbar!
Weitere Informationen unter www.tvahrens.de.

Noch immer nicht genug? :)

Dann solltest du unbedingt mal mein Blog besuchen!

www.the-spirit-scribe.de

Dort gibt es viele weitere tolle Spirit-Interviews, zum Beispiel mit dem Meister des Wissens, dem keltischen Waldgott Cernunnos und dem lichtlosen Gott Anubis, der mit mir über Trost & Trauer spricht.

Zudem gibt es dort die Möglichkeit, mir Feedback für die Bücher, eine andere Nachricht oder einen Blog-Kommentar dazulassen.
Ich freue mich, wenn ihr mal vorbeischaut!